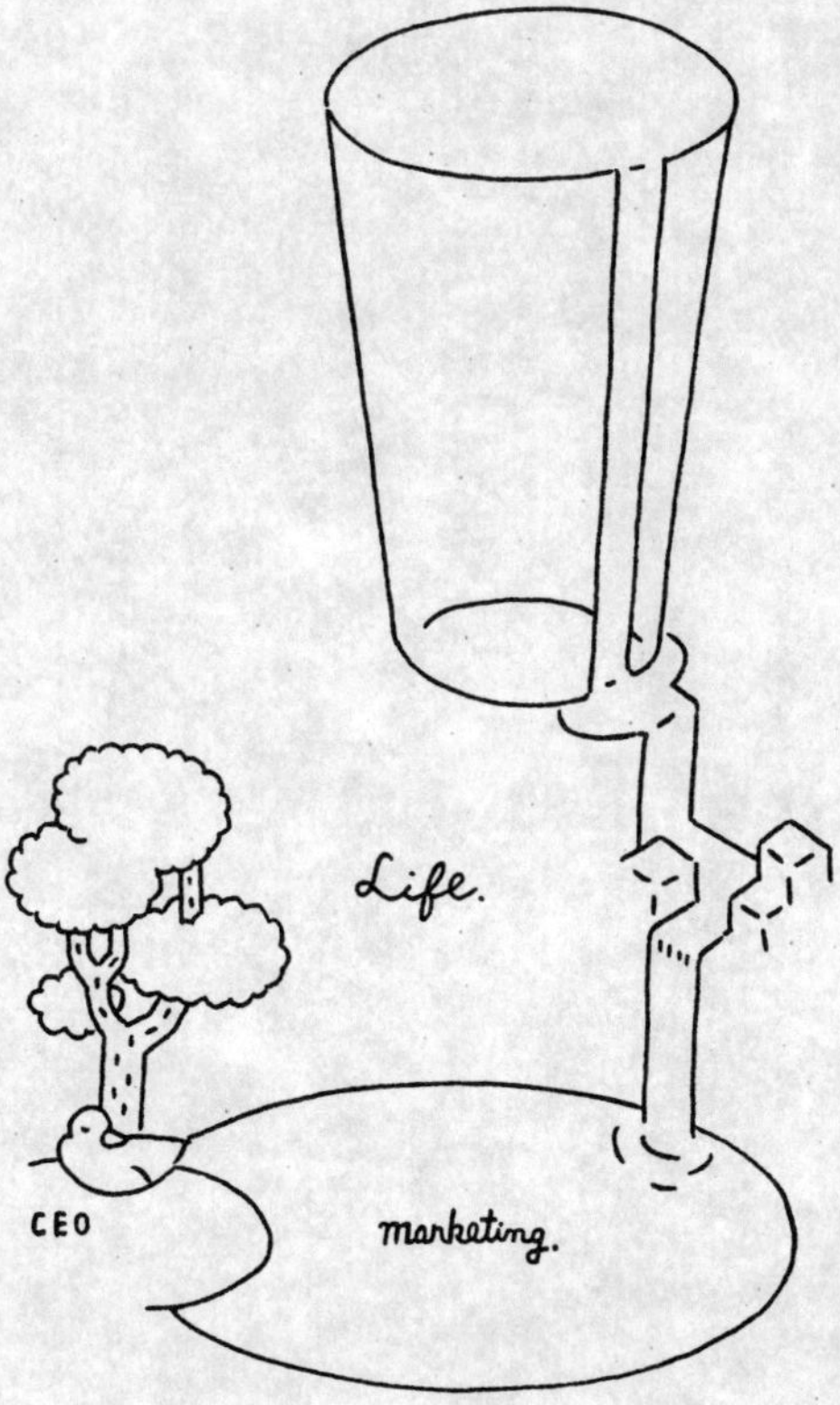
Life.
CEO
marketing.

恐れながら社長マーケティングの本当の話をします。

はじめに

○○社長

お世話になります。

今日、エージェンシーの企画打合せを覗いて来ました。

そしたら、社長が仰っていた□□□□□□っていう指示をなぜか間違って受け取ってたんですよ。

どこでそうなっちゃったかはわからないんですけど、僕の方から、いやいやそうじゃないと思うよと。

社長の意図は□□□□□□で、そこに重きを置いて作業してほしい、と指示し直しときました。

もし僕の考えと齟齬があれば教えてもらえますか？

それと昨日の施策結果報告会で課長が今後のＰＤＣＡの説明されてた時、社長、あまり納得されてなかったでしょう？

いや、そういうお顔に見えたもので。

実はあれはちゃんと全部伝えてないんですよ。

裏では△△△△△も進めようという話になってます。

たぶんですけど、あのタイミングでそれを言っちゃうと部長の顔を潰すことになるかも、って気にされたんじゃないでしょうか。

まあそのあたりはいろいろ立場もあるんで……わかってあげてください。

あと、一つお願いが。

例のＣＭなんですけど、納品日から逆算するとスケジュールがかなり綱渡りなんです。

今週末に仮編※やりますが、昼から僕が入って手直しします。

その後宣伝部の皆さんに来てもらってさらに直すところがあれば直す、で、15時までにはそれをプレビュー用の .mp4 にして社長にメールで飛ばします。

で、そのお戻しをなる早で欲しいんです。

遅くともその日じゅうには。

土日で本編※の仕込み、週明けに本編・MA※試写、次の日に納品、と進めていかないとオンエア日がズレることになりますので。

さすがにここは死守したく……。

ご多忙なのは重々承知なので、申し訳ないんですが。

……みたいなメールを毎日のように社長とか、マーケティング担当役員に飛ばしている小霜です。

本職は広告クリエイティブディレクター／コピーライター。僕は30年以上前からずっと広告のクリエイティブ職をやらせてもらってまして、ほんの少し前までは、発注元のほとんどが広

※仮編：仮編集、本編：本編集、MA：音入れ・調整

告エージェンシー。エージェンシー内のクリエイティブチームにジョインして、コンペを獲ったとか獲られたとかやってたんです。

でも今、エージェンシーからの依頼はほぼありません。全てと言って良いぐらい、広告主からの直発注です。それも、外部ＣＤとして直接クリエイティブの企画制作を発注されるということも減ってきてまして、企業内アドバイザーとしてトップとホットラインで相談しながら、マーケティング組織の連携だったり、エージェンシーとの連携をうまくやる、という役割が増えてきています。

もともと僕は広告クリエイターとしてはマス系出身なのですが、自分の仕事をデジタルにまで拡張するのが早かったために、マス・デジタル融合についてご相談をいただくようになっていました。しかし今となってはマス・デジタル融合なんて当たり前と言いますか、自分の仕事のごく一部に過ぎないと言いますか。企業の「マーケティング」ぜんぶがうまく回るように手伝ってくれ、というご依頼をトップから直接いただくようになっているのです。

それで、自分の肩書きも変えることにしました。

これまでは、クリエイティブディレクター／コピーライター／クリエイティブ・コンサルタントだったんですけど、そのうちの「クリエイティブ・コンサルタント」というのがどうも……「クリエイティブ」だけでもないし「コンサル」てのもなんだか違うなーと。トップに理論理屈を言うだけじゃなくて、裏でエージェンシーの企画打合せを見に行ったりとか、撮影とか編集とかも要所要所で行ったりとかしてますので。

そういう動きをする人間のことをどう呼ぶのがふさわしいのか？　わからない……ので、いったん「マーケティング・アドバイザー」という肩書きに変えることにしました（「こういう呼び名がいいよ！」というものがあればSNSで教えてください）。

自分の業務のこういった変化の背景には、**マーケティングというものが経営の重要な一角を占めるという認識、危機意識の広がりがある**と思います。ところが宣伝部、マーケティング部だけでは企業のマーケティングを担いきれず、他部署との連携が重要視されるにもかかわらず、かえって組織のセクショナリズムが働いて全体最適ができない、遠慮や忖度で上下左右の調整に終始してしまう。一部門としか付き合いがなくマーケティングの一部しか知見のないエージェンシーがもはや解決できるものでもない。業を煮やしたトップが「よし、これからは自分がマーケティングを見るぞ！」と決意されたりするわけですが、ほとんどの場合がぜんっぜんうまくいかないんですよね。

その理由は多岐にわたります。

そもそも組織というものが内包する問題。

企業の利益と個人の利益の相反とか。個人の保身にマーケティングやブランディングが都合の良い定義で都合良く使われている実態。真実の報告が上がらないことによる誤判断。トップが今まで経験してこなかったことによる、「カン」の無さ。現場カンが働かないことによる、制作現場のボトルネック化。エージェンシーとの信頼関係の喪失。やたら分厚いだけの机上論提案書を高値で売ろうとする人たちの跋扈《ばっこ》。組織が硬直してついていけない市場変化、テクノロジー変化。適材を雇えない人材市場。そして、「ＳＤＧｓ」など経営そのものに突きつけられる新しい潮流。

……ちと重かったでしょうか……。でもうなだれている場合ではありません。右記のゴチャゴチャを整理して企業を成長軌道に乗せられる人は、残念ながら社長以外にいないんです。

この本は、自分でマーケティングまで見るぞと決意された、あるいはマーケティングはあなたが見なさいと任された、でも「これでいいのかなあ」とモヤッとしている企業トップ、マーケティング組織トップのために書きました。そのモヤッの原因を浮き彫りにし、どうすればマーケティングを正しく捉え、再編成できて、事業を成長軌道に乗せられるかの考察をしていきます。理論理屈よりも、僕が培ってきた現場感覚を主体に。

まあ実際にはまだら模様だとは思うんです。まだらというのは、宣伝部に任せっきりでいいじゃん、エージェンシーに丸投げでいいじゃん、という経営者もたくさんいらっしゃるということです。それはそれでアリです。一任できる部署、外部パートナーがいるのは幸福なことです。ただ少なくとも僕の周辺ではそっちへの流れは感じません。トップあるいは準トップがマーケティング全体を見る「社長マーケティング」への変化は不可逆な流れであるように思います。

いまホントに広告業界はカオス状態です。

ＪＡＡ（公益社団法人日本アドバタイザーズ協会、またの名をアド協、ヌシ協）などに顔を出すと、エージェンシーがいかに悪辣なやり方をしているか、という話をけっこう耳にします。実際、とんでもない悪辣な（しかもセコい）金稼ぎをしているエージェンシーの営業さんは増えていて、善良な営業さんまで白い目で見られています。

一方エージェンシーに顔を出すと、広告主にいかに無理を言われて困っているかという話をけっこう聞きます。実際、とんでもない無茶ぶり広告主は多いです。

互いに事情があって言い分があって、ニッチもサッチもどうにもブルドッグWOWなのです。そんな状態でまともなマーケティングができるはずもありません。そこに「ここはオレが！」と社長が鼻息ふんぬと入って来ると、ヘタをすればカオスはヘルタースケルターの業火に。

ただ僕が思うに、トップがマーケティングに興味を持つようになってくれたのは、業界にとって福音です。だってこの状況を正常化できる力を持つ人はトップしかいないのだから。なのでその正しいやり方を示唆しようと思い立った次第。

もしかするとここまで読まれた読者の中に、

「オレは広告主のトップでもないエージェンシーの営業だけど業界全体にかかわる話かな…」

なんて思われた方はいませんか？

「社長マーケティング」が一般化すると、広告業界全体に恩恵があるはずです。僕もエージェンシーからご依頼受けることありますが、そっち側からクライアントの意向を聞くと「ちょっと何言ってるかわからない」サンドウィッチマンになること非常に多いです。広告主のトップから現場までの意思疎通でどこかに食い違いが生じてるんです。いったい誰の意思に従えばいいのか？　そういう場合、なぜか正論を主張するとほぼエージェンシーは扱いを失いますよね。


もしかするとここまで読まれた読者の中に、

「うちは地方の中小企業で、ＴＶＣＭを打ったこともないし、大手エージェンシーとの付き合いもないから関係のない話だな」

なんて思われた方はいませんか？

確かに大企業ほど、セクショナリズムと組織間の忖度でがんじがらめになり、マーケティングが機能不全に陥っているところが多いです。この本はまずそういう企業の経営者に向けた意識で書いてはいます。しかし、今までのようにマス広告だけが大手を振っていた時代は終わりました。デジタルで安価に広告が打てるようになったことで、それまであきらめていたマーケティングというものに興味が湧いてきた経営者も増えているはずで、そういう方々のことも意識しています。

もしかするとここまで読まれた読者の中に、

「そんなこと言うけどさあ、小霜さん、あなた自分の都合のいいようにトップを操ろうとしてるだけなんじゃないの？」

なんて思われた方はいませんか？

僕が心がけているのは**「全体最適」**です。この言葉、本文中にも出て来ますが、とても重要なので覚えていてくださいね。トップだけと繋がっていても全体最適はできません。上から下まで、外部まで、全員がWin-Winの関係でいられるよう調整しないといけません。それは、アンハッピーな人が1人でも出て来ると必ず全体が瓦解するからです。

広告業界は疑心暗鬼の世界ですからね……僕のような存在をどう受け止めていいかわからない人は多いでしょう。

「敵か味方かそんな事　お前らが！！！　勝手に決めろォ！！！！」Ｂｙモンキー・Ｄ・ルフィ

この本では、経営者目線で今必要とされるマーケティングの全体像を改めて俯瞰しています。なので、エージェンシーや広告業界にかかわる人にとっても何らかの参考になるはずです。トップが知っておくべきであろうマーケティングの新しい思想やデジタル広告の新しい潮流なども加えていますが、マーケティングの手口の詳細全てを修得する必要はないと思います。ここは「決め」の話ではありますが、僕なりの線引きをしてみました。

この本で言うところの「社長」とは、自らマーケティングをする権限を持っている社長、専務、常務、役員、ＣＥＯ、ＣＯＯなど「代表権のあるトップ」と解釈してください。

では、ページをおめくりいただけますか。

第一章、思い切った提案から始めます。

目次

第一章
社長、まずは
マーケティング部を
なくしましょう

世界の自動車史で最も有名な人物はヘンリー・フォードさんでしょう。でもマーケティングのプロとして、僕はゼネラルモータースのアルフレッド・スローンさんに惹かれるのです。

フォードは分業化システムで自動車の価格を圧倒的に安くし、庶民に普及させました。ただ、自動車の捉え方はまだ馬の代替であって、「死んだら（＝壊れたら）買い替える」ものでした。スローンは自動車業界に「計画的陳腐化」という悪魔的コンセプトを採り入れます。車体のデザインによる流行を作って、自分たちが売った車を自分たちで時代遅れにしてしまうことで、買い替えのサイクルを早くしようという作戦です。

毎年新モデル発表会を開催し、「あなたの車は何年式？」という広告を打ちまくりました。米国の生活者はこれに飛びつきます。経済的に余裕のある人たちが走行距離3万キロや5万キロで買い替え、自動車にさほどお金をかけたくない／かけられない人たちがそのお下がりを買う、この新車・中古車市場が今でも存在するのは僕らがスローンの作った作戦に乗っかり続けているということです。

「まだ使えるのに新商品に買い替える」ものは今では自動車に限りません。この作戦はいろんな分野に普及して、民需の牽引力となってきました。

このあたりがマーケティングの萌芽であるように自分は思っています。フォードの分業化工場はこのサイクルについていけませんでした。スローンのゼネラルモーターズがフォードを抜き去り全米一の自動車メーカーとなったのはマーケティングの勝利です。

そしてその勝負に打って出られたのは、**実践したのがトップだったから**です。そして残念ながら広告業界は、少なくとも日本の広告業界は、そういった歴史から何も学んでこなかったか、あえて見て見ぬフリをしてきたのです。

トップがマーケティングにかかわる全体を率いるという、昔では当たり前だったやり方。最近、ようやくそこへの先祖返りの風潮が現れ始めています。

たとえば、もう20年ぐらい懇意にさせていただいている投資ファンドがあります。投資業界の用語で、資本を入れるだけじゃなく自ら経営にかかわるやり方を「ハンズオン」と言いますが、そこはハンズオンで企業価値を上げるファンドです。

もともとのお付き合いは、そのファンドが経営参画するようになった企業から、広告クリエイティブの企画・制作発注をもらったことでした。広告賞とかなーんも興味のない人たちで、成果主義の僕とウマが合ったんです。それが、アドバイザリー契約をすることで戦略から制作現場までマーケティング全般について意見したりいろいろ追いつかない部分の調整したりを求められるようになりました。そしてですね、最近は資本を入れた後ではなく、資本を入れる前からチームに入るように要請されるんです。

「この会社、マーケティングでまだ伸びると思います?」って聞かれるわけですよ。「いやー、ここはですねー、たぶん広告やりつくしたけど、どもならん、ってことになったんじゃないですかねー、僕も自信ないッス」とか、「ここはまだリスティングで顕在層しか獲ってないじゃないですか。まだ成長の余地じゅうぶんあると思いますよ」とか答えるんですけど、これはある象徴的な現象として捉えてます。

ファンドやVC(ベンチャーキャピタル)がM&Aしたり資本を入れる際の企業価値のチェックを「デューデリジェンス」と言いますが、これまでは法務、財務、税務が中心でした。そこに「マーケティング」が入って来て今後の伸びしろを占う流れが出て来ているわけです。投資ファンドって企業の価値を上げることに命かけてる人たちです。そういう人たちが、企業の成長にとってマーケティングは超重要だ、と確信するようになってきているわけです。20年ほど前は「販売促進」ぐらいに捉えていたと思うんですよ。でもそれがだんだん変わって来て、**今はレイヤーを一段も二段も上げて、経営の柱の一つ**、という認識です。

この章の目的は、まず、マーケティングの間違ったイメージを洗い落とし、正しい捉え方をし直していただくこと。その上で、マーケティングが機能するための土台作りを考察していくことです。

脳にこびりついたしつこい思い込みをスッキリ！

マーケティング＝価値の創造

マーケティングはそもそも「マーケティング学」という学問です。が、その前に、「経営学」というものがあります。経営学の主流は時代と共に変遷してきました。

ここから少し振り返りますと、20世紀の初頭は従業員をどう管理して労働生産力を高めるか、が経営者の課題でした。そこに解を与えたのが「科学的管理法」のフレデリック・テイラーさん。しかしこのやり方は従業員を機械扱いするものでかえって生産性が落ちるとして「人間関係論」を提唱したのがエルトン・メイヨーさん。これは今にも通じる企業のモチベーション論、リーダーシップ論、マネジメント論、カウンセリング論などの源泉なので、経営者が真っ先に押さえておくべきものでしょう。ピーター・ドラッカーさんの経営論は顧客、従業員、社会コミュニティの三者との関係性に着目せよという内容ですが、いずれも「人」を重視するもので、メイヨーの考え方がベースになっていると思います。

戦後、経済が急発展する中で「どう管理するか」の経営学は「どう競争に勝つか」に移行し始めます。「競争社会」という言葉はこのあたりから言われ始めたのではないかなあ。複雑化する経営の方向性を統合し、現在の経営学の大元を作ったのが「戦略経営論」のイゴール・アンゾフさん。このあたりからマーケティング学というものが、経営学に内包されるカタチでポツポツ現れ始めるのですけど、それらを「マーケティング・マネジメント」で整理したのがフィリップ・コトラーさん。STP（セグメンテーション・ターゲティング・ポジショニング）という我々に馴染みの深い言葉もここらへんから出て来ます。

経営学はその後マイケル・ポーターさんを代表とする「経営は外部環境を重視して行うべき」というポジショニング派と、ジェイ・バーニーさんを代表とする「経営は内部環境を重視して行うべき」というケイパビリティ派に分裂したりしますが、今では「どっちも大事やろ」ってかんじでしょうか。

そして、マーケティングは学問から実践メソッドへと進化していきます。そのメソッドが、現代経営になくてはならない支柱である、そういう関係です。

改めて。

マーケティングって何？

この問いに答えられる人はほぼいません。業界内で5％程度という現状です（出典：小霜の肌感覚）。なぜならば、日本の広告業界では、「マーケティング」「ブランディング」などといった言葉の定義はきちんと共通化されることなく、部門長やエージェンシーなど、その人にとって都合の良いように使われてきたからです。

最も確からしいマーケティングの定義は、

「顧客、依頼人、パートナー、社会全体にとって価値のある提供物を創造・伝達・配達・交換するための活動であり、一連の制度、そしてプロセス」

です。

これはアメリカマーケティング協会（ＡＭＡ）が２００７年に定めたものですが（１９３０

年代に始まり何年かおきに更新されます）、僕なりに意訳し直しますと、

「生活者の中に商品やサービスへの価値を生み出すために、商品開発から販売現場まで設計・管理すること」

となります。

「商品価値」という言葉がありますよね。この言葉が多くの人に「商品と価値はくっついているのだ」と誤解を与えているのですが、違うのです。

価値は人の中に生じさせるものなのです。現代社会ではその総合体系化であるマーケティングによって。

この話、ここではあまり突っ込みませんが詳しく知りたい方は僕の前々著『ここらで広告コピーの本当の話をします。』を参考にしてください。

この話、ここではあまり突っ込みませんが詳しく知りたい方は僕の前々著『ここらで広告コピーの本当の話をします。』を参考にしてください。

大事なことなので二回言いました。

ドラッカーは
「企業の目的は顧客の創造にある」
と述べてますが、顧客の創造とは、生活者の中に価値を創造することとイコールです。ということは、**いまや企業の存在意義はマーケティングなくしては考えられず、それを製造部門や財務部門が支えるという関係になっている**のです。

先ほどのスローンの例で言いますと、新しいモデルに乗っている人ほどイケている、という価値観を世の中に作り、顧客それぞれの中にモデルそれぞれの「価値」を生じさせました。

そして買い替え促進のためにオートローンの仕組みを作り、旧いクルマの下取りシステムを作りました。今ではどのメーカーでも当たり前になっている、共通部品を流用した多ブランド展開も始めました。これらのどのパーツが欠けていてもゼネラルモーターズの戦略は一過性のものとして躓いていた可能性があります（パーツがどれ一つ欠けていてもクルマはまともに走らないように……！）。そこまでトップが全体を設計・管理して初めて企業成長の原動力たるマーケティングは完成するのです。

ドラッカーは
「企業の機能の中でマーケティングだけが唯一アウトソーシングできない中核機能」

とも述べてます。

ドラッカーファンの経営者は多いはずですが、この言葉はどうも忘れられがちのようです。

この本では主にＢｔｏＣ企業のマーケティングを念頭に置いて語っていますが、内容は違えどＢｔｏＢ企業も基本の考え方は同じです。個人であれ法人であれ見込み顧客の心の中に価値を生じさせなければマーケティングではないし、顧客の創造にも繋がりません。まずはここをマーケティングの基本として押さえておいてください。

マーケティングの４Ｐ

現在のマーケティングは「４Ｐ」で構成されていると言われます。

Product, Price, Place, Promotion。

商品戦略、価格戦略、流通戦略、コミュニケーション戦略（広告・販売促進）までがマーケティングです。

日本では長くその中のPromotion、コミュニケーション戦略だけがマーケティングと呼ばれて来ました。さらに少し前まではそのPromotionをさらに細分化した、ストラテジー、クリエイティブ、メディア、PR、といった中のストラテジーの部分だけをマーケティングと呼んでいました。マーケティングの中のマーケティングの中のマーケティング、ってことで、まるでゴブリンスレイヤーの「黒の中の黒の中の黒の中の黒！」みたいですね（たぶん読者の1%も理解できない喩えでスミマセン）。

今でも広告主の中には「うちはマーケティングと販促とクリエイティブを部門で分けていて……」というところがありますが、これは30年前の組織分けになります。「事業部がマーケティングをやり、宣伝部がPromotionをやる」ところもあって、ホントにバラバラです。多くの営業部門は、セミナーとか展示場、WEBサイトに訪れる人たちからリード（見込み客のツテ）を掴むことを「マーケティング」、その先を「セールス」と呼んだりしています（正しくは「リードジェネレーション」）。

ことほど左様に、日本の「マーケティング」は一部の機能に偏って、部門やエージェンシーによっててんでに捉えられてきたのです。それを本来の定義に立ち返って、**4P全体でマーケ**

ティングを設計する必要があるというのが本書の基本的な立ち位置です。

まず **Product** の考え方について説明しておきます。

商品開発には市場のニーズに合わせて行う**マーケットイン型**、研究所や開発部主導の企業目線で作る**プロダクトアウト型**、こんなんできちゃったんだけど…という**イノベーション型**などがありますが、マーケティング主導で行われるのはマーケットイン型です。

食品や飲料は素材のカスタマイズ的にできるものが多いのでマーケットイン型に向いています。サントリーは翌年はどんな時代になっているか、その中で生活者のインサイトはどう変わっているか、という仮説から商品開発をします。そして見事に当てたりするのでたいしたものです。わかりやすい例で言えば、ちょっと古いですが「ほろよい」とか。僕には甘ったるくて飲めたものじゃないですが、若い人はああいうのがいいんだなあと、妙に感心しました。最近では「こだわり酒場のレモンサワー」など。まあたまに外すこともあるようですが。

そもそも生活者が欲しいのは「良いもの」です。じゃあ「良いもの」とは何か？　時代や世代によって変わるんですよ。

たとえば「良い服」とは？

僕が学生の頃はDCブームで著名デザイナーの服が良い服でした。それがGAP、ユニクロなどSPA系の登場で安いけど機能的な服が良い服になり。ファストファッションの登場でどんどん買い替えられる服が良い服になり。今、多くの人にとってはネットオークションで売りやすい服が良い服になって来ています。またワークマンの大躍進から、低価格高性能の衣料を良い服と考える人々が大量に潜んでいたことがわかります。

そういった時代のニーズに合わせてProductを変化させていくのがマーケットイン発想です。そして、そういった考え方をさらに深化させたものとして「ジョブ理論」があります。『イノベーションのジレンマ』で著名なクレイトン・M・クリステンセン教授が提唱したものですが、今後はこれがアカデミアから飛び出して、商品開発のデファクトになっていくように思えます。簡単に解説すると、商品を買うということは、自分のジョブ（用事とか課題）を片付けるために雇用しているに等しい、というものです。

「ジョブ」とは「ニーズ」をさらに深掘りしたものです。顧客の目的は自分の進歩であって、商品やサービスを雇用するのはその手段であって目的ではない、生活者の「片付けるべきジョブ」を見極めるためには上っ面な属性やトレンド、競合の動向などではなく、ターゲット特有の生活文脈を深く理解するところから始めなければならない。これは六章で解説する「カスタマーサクセス」思想に繋がるものであり、ビジネスモデルとしてサブスクリプションとも相性がいいです。「顧客視点のイノベーション」といった言葉が舞っていますけども、そのＨＯＷについてはモヤッとしている中、イノベーション戦略についての大家の矜持でクリステンセンがビシッと解を出してきた、というかんじです。

マーケットイン型商品開発で見落とされがちなのは、あまりにマーケットを意識し過ぎて「自分を見失う」ことになってもヒットに繋がらないということ。吉野家は最近Ｖ字回復基調にあるようですが、売上げグラフを見ると、牛肉以外のメニューを増やすのではなく、糖質制限ブームに乗って「ライザップ牛サラダ」を投入したのが引き金になっています。このようにマーケットイン×自社のカルチャーからブレないプロダクトアウトの商品開発がひとつの成功セオリーと言えるでしょう。

日本の優良企業の多くは研究所や開発部の力が強いので、実際にはそこから出て来た優れたProductを後からマーケティングで巻き取る、というやり方が多いです（プロダクトアウト型）。これはこれで大いにアリだと僕は思ってます。研究力、開発力が足腰になっている強みを活かさないわけにはいきません。ただ、新規マーケット開拓のために、順目ではない斬新なProduct、イノベーション型が求められる傾向は強まっています。

イノベーション型には社内イノベーション型、外部イノベーション型があります。例えばGoogleの「20％ルール」は有名でした。業務時間の20％は通常業務と関係ないことに費やさなければならない、という。これはいわば人件費の20％をイノベーションに投資しているわけですが、ここから「AdWords」「Gmail」他のサービスが生まれたと言われています。ただGoogleはもう20％ルールをやっていないようです。自社イノベーションを守ろうとしているうちに余所からさらに破壊的なイノベーションが生まれる「イノベーションのジレンマ」を避けるために、投資先を社内からM＆Aに変えたのだと思います。

イノベーション型は博打的要素が濃く、空振りすることの方が多いですし、ベンチャーをM＆Aしてもその先の運営がうまくいくケースは少ないようです。クラウドファンディングのMakuake（マクアケ）では収益の大きな柱の一つは大企業の新事業支援です。新しい商品やサービスが当たるかどうかをクラウドファンディングで確認するんですね。こういったものは「投資」と「マーケティング」の橋渡しサービスである気がします。

そして、Productのあり方が変われば、自ずからそれは他の3Pにも変化を求めることとなります。

Price、価格戦略に深くかかわってくるのは行動経済学です。

価格戦略にはいろんなモデルがありますが、そのほとんどは行動経済学をベースにしています。「人は1円でも得な方を選ぶ」という古典経済学と違って、非合理的な経済活動をしている現実を研究しようという学問です。たとえば人には「現状維持バイアス」という、「できるだけ変化を避けたい」という性質があります。今はサブスクリプションモデルがブームですが、いったん加入してしまうと今度はそのまま継続し続けることを好むんですね（業態にもよりますが）。これは現状維持バイアスを価格戦略に採り入れることを、新しいテクノロジーが可能にしたのです。価格戦略には、コストリーダーシップ戦略、アンカリング戦略、リカーリング戦略、バリュープロポジション戦略などなど多種多様なものがありますが、今後は新しいテクノロジーとの掛け算が成功をもたらします。

需要と供給に合わせてスポーツ観戦料などを変動させる**ダイナミック・プライシング**もテクノロジーありきですが、各流通も動的に価格を変えられる「デジタル値札」の導入を始めました。そしてこれは今後需要と供給だけではなく優良顧客の選別などに使われていくように自分は予測します。ＷＥＢ広告は露出する相手によって出稿額がリアルタイムで変動しますが、商品の価格も相手によって変動するようになっていくのではということです。信用スコアなどはその黎明とも言えますよね。それをいち早く確立した企業がPrice戦略で勝つこととなるでしょう。昔から化粧品や健康食品などの通販では「初回お試し無料」で顧客をつかんで長期契約に引き上げるといったやり方がポピュラーです。ただ、それでは無料品しか注文しない層、いわば招かれざる客も大量に入ってくることになります。正規価格で最初から買ってくれる人はなかなか浮気しませんが、いかんせんそういう人は数が少ない。じゃあどうするか？　お試し半額？　地域で差を付ける？　といったことも価格戦略ですが、単品でどうこうではなく一人の顧客からどれだけ収益を上げられるかというＬＴＶ（Life Time Value 顧客生涯価値）という考え方が主流になっています。

となると、顧客の選別が必要となるわけですが、これもＡＩなどのテクノロジーが絡み、ダイナミック・プライシングを採り入れることでふるいをかけていくことになる理屈です。そして、Price のモデルが変わることはビジネスモデルが変わるということで、Place や Promotion もそれに応じて変わることとなります。

Price は外部要因によって左右されるところが大きいですよね。原材料費の高騰、関税などの政治的要因、最低賃金UP、制度改定、などなど。立ち食いそばなどはほんの数十円上げるだけで客足は一気に遠のくそうですね。そこをどううまくバランスを取りながら乗り越えるかは宣伝部にできる範疇をはるかに超えた、社長の力量です。そう言えば消費増税で5%ポイント還元の対象は資本金5千万円以下の流通業者なので、わざわざ資本金を5千万円に減らす企業もあったそうですねえ。

いくら素晴らしいコミュニケーションを展開しても、**Place**、すなわち売り場がなければ何の意味もありません。そして流通こそが今大転換を迎えていることは間違いなく、ここも今後のマーケティングにおける超重要ファクターです。

「店舗」の概念はずいぶん以前から変わり続けています。リーマン・ショックで世の中がパニックになる中、実は広告業界の打撃はさほどでもありませんでした。その大きな要因の一つとして、人口ボリューム層である団塊世代への通販市場が急拡大したことがあります。通販は無店舗販売なので、「広告が店舗」という考えです。つまり、店舗開発費用がPromotion費用にスライドしたわけです。

昨今はＷＥＢ「メディア」が店舗化しようとしています。バーバリーはＬＩＮＥとインスタグラム限定の新ライン「Ｂシリーズ」を発表しました。もともと実店舗にはセレンディピティ（偶然性）があり、ｅコマースにはサートゥンティ（必然性）しかないと言われていました。しかしそもそもＡＩは人間の眼に見えない繋がりをあぶり出す仕組みです。これからはテクノロジーによってｅコマースでもセレンディピティとサートゥンティの両立ができるようになるでしょう。Yahoo!の貸借対照表を見ると、手残り現金5千億円のうち4千億円を削ってまでＺＯＺＯを買収していますが、メディアとｅコマースのシナジー効果を重く見たためと思われます。Yahoo!になくてＺＯＺＯにあるものは物流センターです。それがあればYahoo!は自前のＷＥＢメディア全体を店舗化することができるのです。

またこれからは、スタイリストやコーディネーターによる「提案型ＥＣ」も検索疲れの若者たちに受け容れられるのではないかとも言われています。

ただ、一般のイメージと異なりオンラインショップは実店舗よりも収益性が低いので、今後はこれらの組合せで収益の最適化を図ろうという考えが当然出て来ます。そこでＯＭＯ（Online Merges with Offline）などのコンセプトが生まれるわけですが、この浸透で「商圏」

という概念も壊れ始めています。店舗の商品を宅配してくれるサービスが登場しましたし、店舗を越えてチャットで接客するカリスマ店員が現れるなど、その場に行かなくても実店舗で購入することが可能となり、その範疇は拡大の一方です。

「店舗のショールーム化」という言葉もありますが、D2C(Direct to Consumer 自社商品を自社チャネルで直接販売する形態)のメガネブランド「Warby Parker」などはさらに先を行っていて、実店舗で買うことができません。実店舗は「何を試着したか」などデータ取得の場と割り切って、販売はあくまでネットです。日本の流通でも「売らない店舗」を実験的に始めていますが、丸井は早くからD2C誘致をはじめとしたショールーム百貨店に舵を切ることで収益を伸ばしています。渋谷の新生PARCOも店舗の新しい姿を模索していて評判になっていますね。

従来形態の店舗も内実が変化してきています。

ドラッグストアは総じて成長傾向で、商品構成も拡大しており、業界3位のコスモス薬品は売上げの5割以上が食品です。家電量販店ではビックカメラが「脱家電量販店」を宣言、酒類、化粧品、日用品の取り扱いを増やしていきます。このように食品はこの流通、飲料はこの流通、と固定された時代はもう過ぎていて、常に状況を見ながら流通戦略を立てなければいけません。ドラッグストアなどでは大きな広告予算を投じずとも企画によって棚を取ってくれたりします。ドラッグストアの棚で目立つところから出発して大きなブランドに成長した商品はいくつもあります。大ヒットしたシャンプーの「BOTANIST」はドラッグストアと楽天市場に出品するところから始めましたが、並行してインスタグラムの投稿を増やすことで常にランキング上位入りを狙ったそうです。価格もあえて千円台というやや強気の設定をすることで、クオリティに対する納得感を作りました。結果、ドラッグストアのヘアケアカテゴリーでシェア3位にまで浮上。Place と Price、そしてデジタル Promotion の掛け合わせで成功した事例と言えましょう。ちなみに僕は長女が買ってくる BOTANIST 勝手に使ってます。

コンビニは一店あたりの来店客数がもう6年連続で減少していますが、若年層がドラッグやスーパーに流れ、逆に年配層は増加しています。となると、今後コンビニは若年層向けではなく年配層向けの売り場になっていくと予測できます。ただ現状ではまだまだコンビニは店舗の王様です。消費財などはｅコマースの売上げはまだ数％に過ぎません。コンビニで棚を確保するための取引通貨は現状ではＴＶＣＭの出稿量なので（ＴＶＣＭとＷＥＢＣＭの共通指標を作ることでそれをデジタルにまで広げようというJAAの構想をお手伝いしているところです）、消費財メーカーはターゲットだけでなく流通のバイヤーも意識してメディア予算を決定しなければいけません。こういった要因を無視してPromotion設計をするわけにはいかないという事情は残っています。

Promotion とはコミュニケーション戦略、いわゆる広告、販促です。

これもまたヤヤコシイのですが、日本の広告業界では店頭作りや販売促進などを「プロモーション」と呼ぶことが多いです。以前はSP（セールスプロモーション）と呼んでいましたが、その名残りですね。Promotionとはそれらも含めた「広告コミュニケーション」全て、と思ってもらうのが正しいでしょう。僕はマーケティングアドバイザーを名乗ることにしましたが、4P全てに通じているわけではありません。主に広告コミュニケーション、すなわちPromotionに軸足を置いたマーケティングアドバイザーということになります。

素晴らしいProductができて、Priceも適正で、Placeが得られたとしても、見込み顧客の中に価値を生じさせるのはPromotionなので、やはりPromotionがマーケティングの要と言いますか、ゲートキーパーであるのは間違いのないところです。Promotionの新しいやり方は三章以降で解説します。

これまで見落とされがちだった新しい要素を加えるとすれば、**今後重要度を増すのは「カスタマーセンター」です**（これについては六章で詳しく解説します）。今後、カスタマーセンター（コールセンターなど呼び方は何でも構いませんが）は利益を生まないコストセンターではなく顧客と繋がり続けるデータを取得するプロフィットセンターと捉えなければいけません。

このように、Product, Price, Place, Promotion はそれぞれ独立して見るべきものではなく、それぞれが影響し合い、それぞれを掛け合わせることで大きなマーケティング効果が期待できるものなのだ、という認識をまず持ってください。

総力戦の時代

マーケティングはこれら4P全ての力を注いで戦う総力戦の時代に突入しています。マーケティング学者のエドモンド・ジェローム・マッカーシーさんが1960年に「マーケティングは4Pのミックスね」と提唱して以来、それがアカデミックの内側に留まるままでなく、ようやく実行されるフェーズに来たわけです。そして今後はこの実行力がマーケティングの勝敗を決します。

カンヌライオンズの審査基準はその時代のマーケティングに求められるものですが、2019年のカンヌで評価されたのはもはや「斬新な表現アイデア」ではなく、「企業としての実行力」でした。3冠に輝いたのはバーガーキングの「The Whopper Detour」というキャンペーンで、アプリをスマホにインストールした状態でマクドナルドのすぐ近くまで行き、そこからバーガーキングに引き返してくると通常5ドルのワッパーを1セントに値下げするというものです。マクドナルドをおちょくった何ともアホな企画ですが、もし「マクドナルドまで行って引き返す客がいると面白いんじゃないか?」というアイデアを思いついたのが10年前なら次のようなことになっていたでしょう。

若い男がマクドナルドの店内に入ろうとするが、ふと入るのをやめて引き返す。
次にオバサンがマクドナルドに入ろうとするが、やはり引き返す。
来る人来る人みんな引き返していく。

それを見ていてなんで？　と首をかしげる清掃夫。

実はバーガーキングでワッパーの割引セールがあったのを思い出したのだ。

といったCMを割引セールに連動させてオンエアする。

こういったキャンペーンではマクドナルドに行きかけて引き返す行為はあくまで広告「表現」に過ぎないので、結局バーガーキングに来店する人全員に割引をすることになり、単にいつものセールとちょっと気の利いた告知CMの組合せとなります。これは宣伝部長の権限ででできるものです。しかしテクノロジーが進化したために「実際にマクドナルドの近くまで行って引き返した人」に対してだけ割引ができるようになりました。であれば、それをやれば1セントまで値引きしてもトータルで割が合うという計算が成り立ち、また、表現レベルじゃなく「実際にやる」ことによってキャンペーンの威力が増すことになります。ニューヨーク・タイムズが「1万4000店以上のマクドナルドの店舗をバーガーキングのレストランに変えた」と言ったこのキャンペーンを成功させるためには4Pの緻密な連携が必要で、もはや旧来の宣伝部レベルで実行できるものではないわけです。

あと個人的に感心したのは「タンポンブック」ですね。ドイツでも消費税は商品によって異なるのですが、標準が19％、軽減税率が7％と大きな差があります。基本的な考え方は日本と同様、贅沢品が標準、必需品が軽減です。ただ何でこれがこっちであれがあっちなの？　というワケのわからなさは日本より酷いみたいで、食料品でも子ども用のお菓子は19％なのにペット用のお菓子は必需品扱いで7％とか。で、生理用品は19％で、これは変だろとThe Female Companyというタンポンをサブスクで提供しているベンチャーが、本の中にタンポンを入れたんですね。タンポンの使い方と面白いエピソード、税率に対する抗議文付きで。書籍扱いにすることで税率は7％になり、これはたった1日で売り切れました。日本ではオマケ付きお菓子が内容によって軽減税率適用になったりならなかったりで右往左往してますが、税制すら逆手に取る海外企業のタフさにはいつも恐れ入ります。

もしこういう事例に倣おうとすると監督官庁とのバトルを覚悟する必要があるかもしれず、またこれもProduct, Price, Place, Promotion 全てのハーモニーがピタッとハマることで成功の目途が立ったわけで、経営層判断がなければできないことです。このように**今後、マーケティングの戦いは宣伝部レベルではなく経営層判断による4Pの総力戦に移ります。**

PayPayの「100億円あげちゃうキャンペーン」はまだ記憶に新しいと思いますが、100億円あったらイヤになるぐらいTVCM打てますよ。でもそれをしなかった。まず顧客を獲得するためには常識外れのポイント還元という実弾をバラ撒くのが一番だと考えたのでしょう。そして景表法の上限を組合せた。景表法では「必ずもらえる」賞品は取引額の20％まで、「当たる」賞品は最高額10万円までと決められているので、ポイント20％還元と10万円キャッシュバックの抽選を合わせたわけです。ここはリーガルにどこまで攻められるかかなり議論があったのではないでしょうか。加盟店を拡げるための営業攻勢やアプリの使い勝手をよくするためのアップデートにもかなり力を入れたそうです。

日本にはＱＲ・バーコード決済が20種類以上乱立しており、しかも消費増税のキャッシュレス還元で最も有利なのはすでに普及を終えているクレジットカードと言われている中、どこも後戻りするわけにも行かず進むも地獄引くも地獄の様相です。つい最近メルカリはメルペイへの過剰投資で株価がストップ安となりました。ＱＲ決済戦争は完全にこれまでのPromotionの枠を超えた戦いになってますので見ていて面白いです（不謹慎でしょうか……）。

最近の調査では満足度ではメルペイが上回っているようです。メルペイはシニアにアプローチしたり後払いを導入するなど独自の道を切り拓こうとしていますが、これも経営層判断がなければできません。僕はもともとＱＲ決済では楽天Ｐａｙが勝つと思っていました。その理由はすぐに食べログと提携したからです。日本はＳｕｉｃａなどの非接触型ＩＣカードがすでに普及しており、ＱＲ決済はEffortlessで劣位です（後述しますが「Effortless」はこれからの重要キーワードです）。今後の展開先はそういった非接触型やクレジットカード対応機器を置く余裕のない小規模店舗となるわけで、そういった店と繋がりがあるのは大きな優位性でしょう。

また、楽天Ｐａｙはそのというのと提携してスキがない状態ですので、中長期では有利なのではないかと。サービスの収益は登録者数よりもカスタマーのアクティブ度で決まりますが、そこはLINE Payが優位との情報もありました。

これら4者が抜きつ抜かれつを演じd払いが追いかける混戦模様で、まるで野球の順位争いを見ているようでしたが、つい先日PayPayが決算会見で「一人勝ち」宣言をしましたね。とにかく大きな還元で登録者数を先に増やした者が勝ち、という作戦が当たったということでしょう。オリガミＰａｙがオシャレなイメージＣＭぽいPromotionをやってましたが、企画制作したスタッフには申し訳ないけど僕はそれを見た瞬間、あ、これは脱落するなと思いました。旧来の「部長マーケティング」のレベルな気がしたからで、総力戦で挑んできている競合にそれで勝ち抜くのはもう難しいからです。オリガミＰａｙは最近、決済機能を他社アプリに実装するという、ある種のＯＥＭ戦略のようなものに方針転換したようです。

このように、「Promotionだけのマーケティング」で新サービスや事業が成功したという話はあまり聞かなくなりました。今でもあっちこっちで「マーケティング」という言葉はてんでに使われていますが、それは狭義のマーケティングだと認識してください。本来の意味での「マーケティング部」とは広義のマーケティングを束ねる役割を果たさなければいけないはずですが、もちろんできてはいません。

じゃあ4Pを駆使した広義のマーケティング、誰がやるの？　経営企画部じゃダメなの？

結論、あなたです、社長。

経営企画部はあくまで企業視点で部署の部分最適を束ねるのが主な役割と思いますが、マーケティングは顧客視点で顧客の価値の創造と最適化をするものなんです。アルフレッド・スローンのような業界をひっくり返すパラダイムシフトとまではいかなくても、あなたしかできないんです。

「自分はマーケティングの素養がない」とおっしゃる社長さんもいらっしゃいます。しかし「マーケティングの素養がない」ので、マーケティングは宣伝部門に丸投げ、エージェンシーに丸投げ、ではもうやっていけません。「経営企画の素養がない」ので中計は経営企画部に丸投げ、では社長は務まらないではないですか。それと同じことと思ってください。

Yahoo！とＬＩＮＥが経営統合し、スーパーアプリを目指すというニュースが飛び込んできましたが、もしPayPayがマーケティングでコケてたら、Yahoo！はかなり弱い立場での統合を余儀なくされていたか統合話自体が白紙になっていたかもしれません。マーケティングの成否と企業存続の成否は繫がっているのです。

マーケティング部を宣伝部に戻す

では具体的にどうすればいいか。思いきったこと言っていいですか？

僕の最初の提案は、

「マーケティング部という呼称を宣伝部に戻す」

です。

もともと日本の広告業界で、Promotion の中のストラテジーの部分を「マーケティング」と呼んでいたのは先述の通りです。エージェンシーでチームを組むと、マーケティング、クリエイティブ、メディア、セールスプロモーション、PR、といった陣容でした。その当時広告主はストラテジーもエージェンシー任せだったんですよ。しかし、エージェンシーはマーケティングチームがストラテジー構築して、それに基づいてクリエイティブ企画を考案して、なんて順番で作業したりなどしません。プレゼン時はそういうふうにしたと言いますけども。僕も「今のマーケの考えに基づきましてクリエイティブは…」なんて言ってましたけども。スタッフ全員がヨーイドンで一斉に作業し始めて、最後に辻褄合わせするんですよ。かくしてエージェンシーのマーケチームは形式化した前座、よくてクリエイティブ案を通すための理屈作り、に堕してしまったんです（もちろんそうじゃない人たちもちょっとはいます）。エージェンシーのマーケはプレゼンがゴールなんです。なので、ストラテジーの提案書はメチャ綺麗に作られてるんです。それがマーケティングチームの成果物だから。後はクリエイティブチームに任せたよと。

なので企業が順調に成長している時期は、「プロにお任せするのが一番ですなあワッハッハ」

で通用してたんですが、バブル崩壊以降、広告主の中にもこれはちょっと違うんじゃないかという人たちが出て来てですね、さすがにクリエイティブは任せるしかないけど、ストラテジーは自分たちでやらにゃならんのじゃないかと。プレゼンを通すためのストラテジーじゃなく、商品の成長に伴走するストラテジーが必要だと。それで「宣伝部」という呼称を「マーケティング部」に改めて、エージェンシーには「プレゼン、もうクリエイティブだけでいいんで」といった流れになっていったわけです。エージェンシーのストラテジーチームはサポート役です。さらに昨今は「エージェンシーのクリエイティブ」離れも起きていて、独立系の斬新なクリエイティブをやるチームを起用しないとダメだ、という風潮もあります。「そういうクリエイティブブティック知りませんか?」と仲の良い広告主に聞かれることもあるんですが、オレに頼めよコラ! と内心では思ったりしてます。

ただこれも、まだ先述したようなおかしさがあるんです。

マーケティングの中のPromotionの中のストラテジーをやる部署をマーケティング部と呼んでいるわけですから。どうしても「マーケティング」という言葉にこだわるなら「マーケティング支援部」が正しい呼称では。「デジタルマーケティング部」なんてもっとわけのわからない呼称ですよ。デジタルって(現状では)WEBメディアのことを指しているわけですから。

「TVマーケティング部」「ティッシュ手配りマーケティング部」なんて部署に分けてる広告主を僕は知りません。デジタルも今後はAIなどのカタチでマーケティングにどんどん絡んできます。コピーや動画の自動制作、WEB運用の自動化だけじゃなくて、接客のデジタル化による営業現場のオペレーション効率化とか、顧客のヘルスチェック（競合他社のサービスに心奪われてないかどうか）によるリテンション（離脱防止）効率化とか、そういった新しいメソッドの導入と管理を一括で賄う部署は必要となるでしょう。その呼称は「マーケティングデジタル支援部」といったものがふさわしいはずです。

つまり、現実、Product, Price, Place, Promotion の4Pを全て賄う部署なんてできないんです。ならば、**Promotionのプロとしての「宣伝部」あるいは「プロモーション部」があればいいっ**てことです。それ以外は、商品開発部や経営企画部、各事業部などそれぞれのプロに任せて、

社長中心で
「マーケティング会議」
をやればいいんです。

これは積水ハウス社長の仲井さんのアイデアなんですが、すごく頭いいと思うんですよね。もともとは僕がアドバイザリー契約を結ぶ時、「外部からCMOを招聘しようと思ってるんだけどどう?」と聞かれて反対したんです。それは「マーケティング部」が現実的ではないのと同じで、中途採用の個人に4P全ての権限委譲をやる覚悟や体制はあるのか、ないならシニア宣伝部長が増えて混乱が増すだけだろうという理由でした。「じゃあやめときますわー」と肘がガクッとなるくらい素直に受け容れてくれてよかったのですが、扱っている商材も特殊なので、他業界から来た人は「カン」が働かないんじゃないか、やはり自分が見ないといけないんじゃないかと考え直されたそうです。非常に正しいと思います。

「会議」でも「タスクフォース」でも構いません。僕は4Pにかかわる部署全てが横並びであることが必然で、ある部署、社長以外のある個人がマーケティング全体を統括するには無理があると思っています。だって、営業や開発部門の方々は「俺らがこの会社支えとんじゃ」って自負があるじゃないですか。そしてほとんどの場合がその通りですし。もし開発から営業まで4P全てを統括できる優れたCMOがいたとしても、中途で入って来て彼らに言うこと聞かせられるわけがないです(なんで俺らの上司が宣伝部長になるんだ? という感覚なので)。だから、実状は宣伝部長にちょっと毛が生えたぐらいのことしかできてないと思うんです。

貯めるべきもの3つ「直感力、共有知見、データ」

現在の環境の中でマーケティング部長がいかに力と心のある方だとしても、マーケティング設計・管理全体、収益全体の責任を問うのは酷過ぎるというものです。前述しましたように、「マーケティング部」と呼称していようとマーケティング全体の権限委譲をされているわけではありません。一部を担っているに過ぎないのです。それは大事な一部ではありますが。だから社長、あなたがマーケティング全部を見る中で、各部署をどう守り活躍してもらうか、そこを考えないといけないんです。それは社会のルールが変化する中で、どのように体制を再整理してマーケティング組織を正しく機能させるか、です。

最終的にどのようなカタチになろうと、マーケティング組織を作る順番は以下のようになります。

①マーケティング組織の全体像を設計する（先述の「マーケティング会議」のように）
②その組織の回し方を決める
③その組織に企業カルチャーを植え付ける
④マーケティングの損益計算をルール化する
⑤採用方針、育成方針を決める
⑥外部パートナー連携の仕方を決める

この中で社長が必ずやるべき範囲は①〜③でしょうか。④〜⑥は信頼できる部署長がいらっしゃれば任せてもいいように思います。

そして肝心かなめは、それをサステナブル（持続可能）なものにできるかどうか。

そこで**強く意識していただきたいのは、「社内に貯める」という感覚です。貯めるのは、直感力、共有知見、データの3つです。**

マーケティングにおいて非常に重要なのは「直感」です。直感力は数値化できないので評価されにくいのですが、いくら理屈が正しくても、(なんかうまくいかない気がする…)とか、(これはイケそうな気がするぞ…)という直感の働く部長が社内にいないとダメです。

そもそも人間は極力脳を使わないようにできてるんです。勉強するのがつらいのは本能。脳はすんごくカロリー消費しますから、石器時代とかはセーブしないと餓死だったので。余談ながらネアンデルタール人はホモサピエンスより脳がデカかったので干ばつ期に絶滅したというのが僕の仮説です。ホモサピエンスはスイスイスーダララッタ的適当さで生き延びてきたんですよ。だから理屈をうんうん考えるよりもパッと見の印象で物事を評価してしまうのですが、それを正しく導くのが正しい直感なんです。

直感を生み出すのは経験値です。美術館のキュレーターは瞬時に本物と贋作を見抜くと言われますが、本人たちも理屈はわからないそうです。マーケティングの部署に異動されて1年や2年の方に、エージェンシーが提案してきた企画が本物か贋作かを見抜けるはずがありません。僕はこの仕事をもう30年以上やらせてもらってますので、直感が働きます。若い人が考えてくる企画やコピーを見て「これはダメ」「これはこう直せばイケる」とディレクションする元は直感です。そしてそれはほぼ当たります。時々、講演やセミナーの後で「小霜さんの失敗談が聞きたい」と言われることとありますが、プライベートでは寺田倉庫に預けたいぐらい大量にあります。仕事に関しては、昨今の事例でこれはクライアントに迷惑かけちゃったなーといったものは思いつかないです（都合悪いことは忘れる体質なのかもしれませんが……）。なので他の部署はいざ知らず、マーケティングに関して無闇なローテーションは禁物です。

当然ながら、社長は社長で会社全体の経営視点から見た俯瞰の直感力をお持ちです。部長が具体的な企画の実効力についての直感力を持っていて、それをうまく掛け合わせることができたなら、かなり強いマーケティング企業となれるでしょう。ただしその掛け算はなかなか現実化しませんが。そこには社員の自己保身は全体利益より優先されるという法則があるからですが、これを排除しなければいけません。どうやって排除するかは三章で解説します。

直感力に秀でた人を育てるということは、その人の属人性に期待するということでもあります。デジタル広告が登場し、いろんな数値が可視化される中で、属人性というあやふやなものは否定されるべきものと誤解している企業が多いようなのでハッキリ申し上げますが、**どこまで行ってもマーケティングと属人性を切り離すことはできません。**「仕組み化」という言葉を口にされる方多いですが、誤解を感じます。ＷＥＢのメディア運用だって、それをやる人の力によってハッキリと成果に差が出ます。先日打合せで営業さんに「いい運用ってどういうものですか？」と聞かれたので「それはいいクリエイティブってどういうものですか？　と同じ質問ですよ」と答えたら運用チームの人が頭をぶんぶん振って頷いてました。ＡＩの導入が始まっている理由は、人材不足でデジタルのデの字も知らないような人が運用をやっている実態への対処として、コンピュータにやらせた方がマシだ、ということなんですよ。ほとんどの人たちが勘違いしていると思うんですが、ＡＩやＲＰＡ（ロボット支援）が企業に導入されることで、人間の能力はいらなくなるといったイメージがあります。これは、全く逆。どんどん人が少なくなっていくからこそ、残った人ひとりの優劣がこれまでよりも大きく影響を与える時代になるんです。ＡＩ時代はいかに人を教育するかという時代なんですよ。マーケティング領域も同じです。考えてみてください。いろんなメソッドやツールはどの企業も使えるもの。たとえば三章で解説するフルファネルを実践している広告主は少ないですが、もし普及したらその先はそれをどううまく扱うかという属人性の戦いとなるのです。ここ間違えると大変ですよ、社長。

ただし、一人の属人性に頼り切るのもリスクを伴います。以前は斬新な広告で社会を賑わせていた企業が突然「どうなっちゃったの？」となる理由のほとんどは名物宣伝部長の異動です。これではいけません。**マーケティングに従事する社員全員がいわば「名物マーケティング社員」にならないといけません。そのために大事なのが「知見の共有」です。**

そのための共有ルールを米国では「プレイブック」と呼びます。『世界にひとつのプレイブック』という映画がありましたが、プレイブックとはアメフト用語から来ているもので、敵がこう来たら全員こう動くんだといった指示書です。マニュアルは個人がどう動くべきかの指示書ですが、プレイブックはチームとしてどう動くべきかという戦略書です。Promotion は力のある個人が引っ張れるところはあります。しかしマーケティングはチームで取り組むべきものです。こういう事案でこういう判断をしたのはなぜなのか、こういう事案が発生したらどう判断すべきなのか、など、**チームとして直感力を承継するためのプレイブックを作りましょう。**

デジタル化によってマーケティングのメソッドも日々進化しています。そういう意味でも知見共有のルール作りは大切なのですが、そこで意識していただきたいのは**「差分」**です。

たとえば僕は毎月１回ぐらい企業内セミナーに呼ばれます。そういったものを聴くのも確かに知見獲得に役立つでしょうが、そこで終わってはいけません。今度は部長から部下に対して

「マーケティングとは何か」「広告とは何か」といったセミナーをしてもらいましょう。

これができなければ部長失格です。担当職域について自らセミナーを開けるかどうかは、そのポジションにいる資格があるかの試金石と言えるでしょう。そして、僕のような外部の人間が言ったことと、部長が言ったことの「差分」が生まれます。そこには矛盾や隔たりなどがあるかもしれません。それがいいんです。ただ一つの考えを一方的に聞いているだけでは「なぜだろう」という自発性は生まれにくいので。差分は自分の頭を動かし整理するための種なのです。そこまでやって初めて知見が肉体化でき、自分のものになるということです。

社長自らプレゼンに立ち会うのも上下の知見共有という意味では有効でしょう。エージェンシーがどう考えたのか、それに対して部長や他のメンバーがどう反応したのか、その差分を知る場ですから。どうしてこの差が生まれたのだろう、という疑問から自分のものとしての理解に繋がるのです。

逆に最悪なのはコンペの「上申」システムです。宣伝部やマーケティング部がプレゼンを受けて、彼らがそれを上申というカタチでトップにプレゼンするやり方。これが最悪な理由はいくつもあります。

・宣伝部がプレゼン物の真意を正しく理解できていないケースが多い
・宣伝部がプレゼン物の真意を正しく伝えられないケースが多い
・企業全体の利益になる案よりも自部門の権益保全になる案に誘導しがち
・トップが優秀でも宣伝部の「目利き力」がボトルネックになって正しい提案が上がらない
・トップの意図が歪められてフィードバックされることでエージェンシーにフラストレーションと不信の種を生み出す

等々です。

何よりも僕は、優秀なトップは

「リーダーシップのジレンマ」

に悩まされると思っています。

部下からすると、トップが優れているほどヘタなことをやって「おまえはバカか」と言われたり思われたりするのを怖がるんですよ。それで上申は「叱られない」ものを上げることが目的になるんですよね。あなたが優秀なほど、部下からの提案は革新的なものじゃなく、毒にも薬にもならない無難なものになりがちなんです。エージェンシーなど外部パートナーも力と心ある人は去って、無難なもの出しときゃあお金になるよねという志ミニマムの人ばかりが残ることになります。なのでできれば、エージェンシーのスタッフと直接会って「どういうプロセスでああいう提案に至ったの？」と聴くぐらいはしてほしいわけです。

それから、昔と比べてマーケティングは非常に複雑で、変化が早いです。そこで大事なのは**「質問力」**です。中途で入った人は知ったかぶりをする傾向があるんですよね。僕がお付き合いしていて「デキる！」と思う人はわからないことをガンガン質問してきます。知らないことは何も恥ではありません。知らないまま時代に遅れていくのが恥なのです。社長の中にはマーケティングのことよくわからないと尻込みされる方もいらっしゃいますが、「偉大な素人」でいいのです。いち生活者としてどう感じるかを素直に述べればいいだけで、時にはプロより正しい答を出すこともあります。僕は迷ったらド素人の妻の意見聞きますがかなり的確なこと言いますよ（マネージャーも的確なこと言いますがドヤ顔するのがちょいうっとうしいです）。ぜひ社長自らプレゼンに参加しガンガン質問飛ばして手本を見せてください。

議事録や資料を共有するというのはトップが言うまでもなく当たり前になされていることと思います。でもそれではまだ現状の確認に過ぎず、真の「知見共有」には至りません。「知見」

という言葉の中にはその人の「力」というニュアンスも含まれています。「力」を共有しなければいけないんです。そのために差分を利用して社員が自ら考え理解する環境を作らなければいけないということです。それができるのはやはり社長なんです。そんな部長がやればいいじゃないか、と思われるかもしれませんが、部署というものは蛸壺化しがちなんですよ。とにかく効率的に業務を進めていこうとすると、共有が邪魔になることがあるんですね。たとえばメールで関係者全員に共有すると、「横から失礼します」というのが来たりする。「そのやり方はいかがなものか」という意見が入るとそこで停滞してしまうので、なるべく共有は減らして少人数でやっちゃおう、となりがちなんです。でもこれは逆に働くことが多くてですね、最初から共有してくれてればこうはならなかったのに…ってことはよくあります。たとえばローンチの直前になってトップの意向が正しく反映されてない、てことで大騒ぎとか。

今の世の中、不安だらけですよね。ＳＮＳの登場で承認欲求がインスタントに満たされるようになる反面、承認不安も蔓延しています。その承認不安が最も溜まりやすいのが企業であって、改革派が勢いを強めると、何もしないのが一番、という既得権益しがみつき派が一方でさらに勢いを増す、という相克に陥ります。だから企業でも事なかれ主義がはびこり、何かを変えるのはとにかく反対、という人が現れるわけですが、彼らが恐れるのが「知見共有」でもあるのです。革新的な意見が飛び込んでくるのを恐れるのです。なので、**「横から失礼します」は急がば回れなのだ、革新に必要な環境整備なのだ、という意味で共有を徹底するのも社長のお仕事**ということになるわけです。

それからマーケティングに関しては、知見共有のための大前提が一つあります。

「デジタルの知見に秀でた人間を宣伝部に一人雇用する」ことです。

わかってる人間が1人もいなければ、共有の基ができません。デジタルになると、けっこう皆さん「わかってるフリ」をするんですよね……。エージェンシーからデジタルの説明を受けていて「うん、うん」と頷いてはいるけど実は全く理解してなかったり。大手広告主のデジタルミーティング後にエージェンシーが帰ってから、「いやー、少しもわかんなかったですねー！」と担当者が大声で言ってたのにはトホホというかオヨヨというか。それでええんかい！と突っ込みそうになりました。10年もeコマースやってるのにWEBのリテラシー全くない、といった広告主も珍しくないです。

一方、今デジタル系エージェンシーが揺れてます。もともと「デジタルに強い」はそこで働く人にとって優位性だったのが、今後どんどん「デジタル知ってるのが当たり前」になっていくとただの凡人に成り下がります。そういう危機意識で社内がザワザワしていて、人の異動が非常に多いのです。僕が若い頃はエージェンシーはものすごく収入がよかったです。内緒ですが30歳で年収1千万円、35歳で1千5百万円もらってました。現時点では事業会社との差はずっと縮まってますし、事業会社への転職を考える人も増えています。プロ意識の高い人は、広告主が中途半端なデータ開示しかしてくれなくてフラストレーション溜まったりしてます。（オレがそっち側に行けば…）と。そういう人が採用の狙い目です。

そして驚くべきが、ナショナルクライアントと言われる大広告主でもマーケティングの結果をデータとして残してないんですね。経営自体がPDCAだとは思うのですが、その柱であるマーケティングでPDCAが行われていないのが実態です。PDPDなんですよ。エージェンシー数社にコンペさせて（P）、その中で良さげなものを選んで実行（D）。それがうまくいってもしばらくするとクリエイティブの効きが弱くなってきますから、また数社呼んでコンペ。エージェンシー数社をぐるぐる回しているだけで、常にリセットです。

コンペでは「P」を見て選びます。優れた、あるいは優れたように見える「P」を生み出すのは優れたクリエイティブチームだったりしますから、ＰＤＰＤモデルではクリエイターの「感性」がもてはやされることになります。それはクリエイターがコミュニケーション全体の生殺与奪を握ることに繫がりますから、広告主が彼らに妙に遠慮し始めるんですね。クリエイティブの事後調査をやってもその結果を共有しないとか。それでやる気を落したら困るとか言うんです。実際に作る人間に伝えないのなら調査に何の意味があるのか摩訶不思議なのですが……。確かに広告クリエイターは「Ｃ（評価）」を嫌います。というか、怖いんです。自分のクリエイティブがけなされると、自分の人間性がけなされるように錯覚しちゃうんです。試験とか検査の結果を待つようなもので、僕はもうそこはドキドキして受け容れるしかないと思うのですが、人によっては反発して暴れたりするそうで。かくして「ＣＡ」はスルーされてしまうのです。

もちろん、これで良いはずはありません。すでに行われたコミュニケーションがどういう成果を出したのか、どういう理由によるものなのか、それらを可視化し、全体で共有しなければいけません。ここで大事なことは、もし期待以上の成果に結びつかなかったとしても、すぐさまそれをエージェンシーの責任と考えないことです。トップの期待に添えなかった責任をエージェンシーになすりつけ、トカゲの尻尾切りのようにエージェンシーを次々変える部長は多いです。だからＰＤＰＤから脱却できず、ただ奇策を繰り返すばかりになります。「ＣＡ」を行うに当たって、現担当エージェンシーでできるなら続行、力不足ならできるエージェンシーを選抜、とすべきです。

余談ですが、ＰＤＣＡというコンセプトは日本発のもので、グローバルで使われているものではありません（知らなかったでしょ?・）。戦後、日本復興のサポートにエドワーズ・デミングさんという統計学者が招聘されたのですが、彼の品質向上メソッドの教えを受けた日本科学技術連盟がＰＤＣＡサイクルというカタチを作ったんです。デミング自身は「Ｃ」が気にくわなかったようで、「ＰＤＳＡだろ」と言い残して他界しました。つまり、実行した後はそこから学習する（Ｓｔｕｄｙ）ことが大事だろ、てことですね。僕はその見解に賛成です。少なくともマーケティングの領域においてはＰＤＳＡの姿勢でなければいけません。

ただし、ＰＤＣＡであれＰＤＳＡであれ、それを根付かせるためには企業の「減点主義」から変える必要があります。ちょっと話が飛びますが、企業は、と言うより日本は、ローマ帝国のやり方から学ぶもの非常に多いと思ってます。多様性とか税制とか現代の社会課題解決に繋がる知恵をいっぱい持ってるんですよ。その一つとして失敗を評価するというものがあります。将軍が戦争に負けると罰するどころか「何か学んだに違いない」ということで、必ず次の戦いに起用するんです。そして二回目は勝つ。すごく合理的な考え方じゃないですか？

ＰＤＣＡやＰＤＳＡは失敗を前提としたメソッドです。失敗に怯える企業内体質のままでは失敗しても成功したと改竄《ざん》されてしまい、真の正スパイラルは生まれません。企業は成長するという使命がありますが、成長の原動力は学習です。失敗の正しい評価が学習を生み出します。

言うまでもありませんが、わざわざ失敗から始めていいわけではありません。デジタル系エージェンシーは「Ｐ」を適当にやる傾向があると僕は思っています。「キャッチコピーで共感取るために、もっともっと考えてほしいんですよ」と言ったら、「できなかったらどうしますか?」と返されたことあります。エンポリオ　ぼくの名前は……ぼくの名前はエンポリオですあーごめんなさい、脳が壊れかけました。サンドウィッチマン超えました。ええっと、最初のＰが10点だと、いくらＰＤＣＡ回してもせいぜい20点ぐらいにしかなりません。客観的に手抜きでしかないのに本人たちは一所懸命やってるつもりだったりすると、なおさら始末が悪い。

総合系エージェンシーは「Ｐ」で１００点を狙ってきます（人によりですが）。ただ失敗したという事実を認めたがらず（認めると次のチャンスがなくなるので。ローマ帝国と違って）、それゆえにそこからの改善にも意識を持ちたがらない傾向があります。

つまり、双方の良さを採り入れ、最初の「P」に思いっきり力を注ぐが、そこで失敗しても評価する姿勢がベストということです。

さて、文字通りの意味でのデータも自ら蓄えなくてはいけません。マーケティング上のデータとしては現状はデジタル広告の運用データが主となっているでしょうが、僕が契約しているクライアントの多くではデジタルに限らず施策と結果の相関データも取ってもらっていて、次の施策改善に繋げられるようにしています。

これからはマーケティング施策全体が数値化されるようになっていくはずです。コミュニケーション全体の予算配分（アロケーション）最適化をする時、分析の基となるデータを求めることになりますが、「エージェンシーに問い合わせてみる」と言われることがあるんですね。信じられないことですが。「データは石油より価値がある」と言われる時代に、自社のデータを外部のエージェンシーが保管しているというのは、首根っこをつかまれているようなものです。事実、僕が担当していたクライアントにデジタル系エージェンシーから売り込みがあったのですが、そこはそのクライアントの競合企業を担当していたそうで、そのデータを全て渡すと言って来たそうです。データをどのように保持するかは部署レベルで決めていいものではなく、社長が把握して、どのように活用するか、外部パートナーにどこまで開示するのか、を判断していくべきものであると思います。**独自の保有データは大きな経営資源**となっていきますし。マーケティングの効率化だけではなく、今後の事業展開の何に寄与するかわかりません。

リクナビのように使い方を間違えると経営を揺るがすことにもなりかねませんので、そういう意味でもトップが正しくデータのあり方を理解し、管理しないといけません。ちなみにリクナビの問題はおそらく大きく2つです。1つは、個人データの正しい扱い方についてトップの理解が浅かった。1つは、そこに疑問を持つ社員も必ずいたでしょうが、声を上げられる体制ではなかった。ここから学ぶべきことは多くあると思います。

データについてもう一つ重要なこととして、データは持っているだけでは意味がなく、整理が必要です。整理とはどういうことかというと、自社内で各部署に分散していて、アクセス権限がバラバラな状態をなくすということです。これをしないとむしろデータは管理のために人的リソースばかりかかる負債となってしまいます。整理できれば企業全体の資産としてマーケティングに有効活用できるのですが、ここにも組織の部分最適化の壁が立ちはだかっているのが現状です。なので、ここもまた社長のリーダーシップが期待されるところです。

引いた目線で少し未来を見てみます。

「売り手市場」「買い手市場」という言葉がありますが、これは企業とマーケット（＝生活者）のどっちに今主導権があるかってことですよね。それを決める指標は「お金」だったはずです。要は、価格を上げたり下げたりすることで世の中の取引はバランスを保ってきたわけです。ところがリンダ・グラットンさんが『LIFE SHIFT』で指摘したように、これからは無形資産というものが重要視されるようになります。それはつまりデータです。たとえば阿里巴巴《アリババ》集団が始めた信用スコアは中国人を一気に品行方正にしたと言われるぐらいのインパクトを持ちました。支払いを滞納するとブラックリストに載る、といった原始的な信用スコアは日本にも古くからありましたが、そういうものに留まらず、マナーの良い行動をすることでスコアが上がっていき様々な特典が得られるというもの。日本人は上海万博の頃あたりでは中国人の民度を馬鹿にしていましたけど、すでに抜かされてる気がします。ちなみに中国では政府主導でクレジットスコアから社会信用スコアへと拡大が進んでおり、地域によっては監視カメラで住人の行動を細かくチェックして常にスコアの上げ下げをしています。私見では、このまま進むと「個性」をどう評価すべきかという壁に当たるのではと思っていますが。

ともあれ今後、企業とマーケットのバランサーはお金＋データになっていきます。この人はロイヤルカスタマーになる可能性高い、なら安く売ってもトータルで元が取れるな、とか、この人はヘタに売るとネガな話をＷＥＢにバラ撒くからお断りだ、とか。先ほどダイナミック・プライシングに触れましたが、データがなければ適正な取引ができなくなってくるということです。だから、**今すぐマーケティングに使えるかどうかにかかわらず、将来の事業を見据えながらデータを取得しておくことは、企業の存続にかかわる重要なことなんです。**

もちろん外部データの活用も必須なので、この章のオマケとして代表的なデータ提供会社を挙げておきます。

僕らがマーケティングで使う消費・購買データは、ＣＣＣマーケティングが多いですかね（Ｔカードの使用履歴と提携店のＰＯＳに基づくデータが基本）。あとはロイヤリティ マーケティング（Ｐｏｎｔａカード）など。インテージはパネル調査で店頭の購買動向だけでなく家の中で何を食べているかなど生活動向のデータも提供しています。

WEB広告の効果測定はニールセン デジタルが定評あります。WEB上の行動データベース（DMP）はインティメート・マージャー、デジタル・アドバタイジング・コンソーシアム（DAC）。

TVの視聴データは結線されたネットTVから取りますが、ここにはTVメーカー、放送局、ビデオリサーチなど様々なプレイヤーが存在しています。CCCマーケティングはTV機器にTカード番号を入力してもらって購買データとTV視聴データを組合せることも始めました。それらからデータを買ってメディアプランに落とすサービスは電通がSTADIA、博報堂がAtmaといったもので提供していますので、広告主はそれらを利用されるのが手間なしでしょう。

人が（正確に言えばその人の持っているスマホが）どういう移動をしていつどこに行っていた、という位置情報もマーケティングに活用できます。平日東大にいる人は東大生である可能性が高いので、ある程度東大生だけに絞ってリクルーティング広告を露出するとかもできるわけです。平日小霜家にいる人は小霜の家族である可能性が高いですが最近は長女も長男も彼氏とか彼女とかを連れ込み始めました……どうでもいい話で申し訳ないです……。Googleやドコモ・インサイトマーケティング、ナビタイムジャパン、インクリメントPなどここも様々なプレイヤーが存在しますが、TV視聴データ同様、それをエージェンシーが買ってマーケティング用にシステム化していますので、それらを利用するのが手間なしでしょう。

電通グループはPeople Driven DMPなど独自データ蓄積に注力していますが、これは他エージェンシーも同様です。ジェイアール東日本企画、ADKマーケティング・ソリューションズ、東急エージェンシーの3社が共同でDMPを開発すると発表しましたが、こういう動きも興味深いです。

データの取り扱いについては個人情報保護との兼ね合いで非常に要注意です。中国は「データは国家のもの」と断じてはばかりませんが（なので阿里巴巴集団などはGAFAより先進的なことができています）、欧米、日本では「個人情報は個人で管理する」流れが強まりつつあります。個人情報保護法も緩和の流れで改正されてきましたがまた逆行しそうな雰囲気なので、匿名加工情報の知見に長けた信頼できる企業のものを用いるべきでしょう。

こういったある意味「騙し騙し」でデータの活用を余儀なくされる中、「情報銀行」が立ち上がりつつあります。これは個人が自分のどんなデータをどんな企業に提供するかを指定できるサービスで、匿名加工のない個人の生データを扱えるので今後どうなっていくか注目すべきでしょう。J.Scoreがその先頭を走っていると言われています。

三菱地所は富士通などと「丸の内データコンソーシアム」を始めました。参加企業同士でいろんなデータ出し合いましょうよ、といったプラットフォームでしょうか。

社長が右記の企業名を覚える必要はないです。日本でもこれだけの企業がデータ提供側に転身しようとしている流れを肌で感じていただきたかった次第。僕はそのうち「ＤａａＳ（Data as a Service）」といった言葉が出て来ると思っています。てか、何でまだないんだろう?

いま話題になっているテクノロジーとしてはＡＩ、５Ｇ、ＩｏＴなどですが、僕としてはセンシング技術の飛躍的な伸びに大いに注目したいところです。ＩｏＴのベースになるものですが、広義で人に気づかれることなくいろんなデータを取る技術、と解釈すべきでしょう。監視カメラは映像データ取得装置ですし、ＡＩスピーカーは音声データ取得装置です。５Ｇによってアバター（遠隔操作）ロボットが普及すると言われてますが、これは動作データ取得装置になります。ＩｏＡ（Internet of Action）と呼ばれ始めています。

５Ｇの多接続によってセンサーの数は爆発的に増やすことが可能になります。Googleはトロントで街中をセンサーだらけにするプロジェクトをぶち上げました。公園のどのベンチに座ったかというレベルまで住民の行動全てをセンサリングすることで、人にとって最高に理想的な住環境を造り上げようというものです。もちろん「そんな街、街じゃねーよ！」と反発の声も上がっています（『龍が如く』の神室町みたいなのを懐かしむ時代が来るかもですね……）。

倫理的、制度的な問題は置いといて、センサーによるデータ取得技術はとんでもなく発達しており、今後どんなデータがビッグデータ時代の主役に躍り出るかわかりません。

ところでデータの活用上現場で見落としがちなのは、どのデータをどのメディアでも使えるわけではないってことです。たとえばFacebookはもともとFacebook上のデータしか広告配信に利用できませんでしたが、今ではSTADIAのデータは活用できるなど、常にデータ提供側とメディアの関係は変化します。それから、エージェンシーの提供するサービスを介するとそれだけ費用が嵩むわけで、精度の高い配信をするより低くてもガサッとバラ撒く方が結局はお得、ってこともあります（そっちの方が多い印象）。そういう意味でも、デジタルの知見に長けた人材を1人は社内に置いておかないといろいろ間違ったり損なことをやったりしてしまいます。誰も気づかないままそれが常態化するのは最も怖いことです。

忖度のない体質がマーケティング体質

直感力、共有知見、データの3つを貯める体制が整ったとしても、残る問題は、会議体であれ何であれ参加するメンバーが結局自己の保身に走って忖度してしまうってことです。忖度が入ると社長は正しい判断ができなくなります。リクナビも、おそらく正しい意見を持った社員の声が上がらないために、（下が何も言わないから大丈夫なんだろう）とトップが誤解したのでしょう。

商品開発の調査をしていて徒労感を覚えるのは「上を通す」ための調査に陥っている時です（よくある話です）。被験者の中の大多数が評価をしたら役員会で通るんですよ。でもそんなもの売れやしなくて、スコアの高いものほどすぐ棚落ちするんです。少数の被験者が熱狂的に支持するものの方がLTVも高いしヒットにも繋がりやすく競合にも真似されにくいのですが、日の目を見ることは少ないです。こういうところから変えられるのもトップなんですよね。

全員が本音をズケズケ言える環境じゃないと当然ながら議論の価値は低くなるし、意味すらなさなくなります。そう！　社長だってそういう環境の方がいいじゃんねぇ〜！（なんとなく『いだてん』田畑政治風に言ってみた）でも下の人はそう思わないんですよね……。黒澤明の『乱』って映画ありましたよね。あれはシェークスピアの『リア王』がベースになっていますが、殿様の仲代達矢さんにいつも耳の痛いことばかり言って怒られるだけの役職があって、ピーターさんが熱演してました。中世の王様は自分が裸の王様にならないよう側近に必ずこういう人を置いていたと言います。ここからピエロ（ＣＬＯＷＮ）が生まれました。僕のように「もう人生ゲーム上がり」の怖い物知らずの人間なら、ピエロ役ができます。「課長のあの発言は本音じゃなくて忖度ですよ」と裏で社長に教えたりするんですが、彼がそうせざるを得なかった事情も添えます。そうすると、「そうなっちゃう環境を作っているオレにも責任あるな……」と反省してくれて、だんだん会議が腹を割れるものになっていくんですよ。そういうピエロ役を作る必要があります。スナックのママではなく社内に。

時々トップから、「自分はマーケティングのどこまで見ればいいいんだろうか」と聞かれることがあります。非常に答えにくい質問です。なぜなら、それはどこまで部下を信用していいんだろうか、という質問の相似形だからです。自分の意思がそのまんま部長に伝わって、より良いカタチになっていく体制ができれば、ただ意思を伝えさえすればいいだけなので。

僕はむしろ「マーケティング」という言葉を会社からなくしてもいいと思います。マーケティングという言葉に振り回されてはいけません。**開発から営業に至る全部署が部分最適ではなく全体最適できる体制になれれば、これすなわちマーケティング体質**です。そういう体制を作り上げればいいだけのこと、とも言えます。そのためには現場の本音を上にうまく伝え、社長の自省を促すぐらいの異種監査役的な存在が必要とされる気がするわけです。

ところでマーケティングは4Pと言いましたが、これは企業によって変えたって構わないと思います。特に日本企業は商品開発とか研究所の発言力が強くて、マーケットインの商品作りなどできない、商品の売り方もマーケティング部署の判断になかなか従ってくれないってところ多いです。そして、彼らが作る製品のクオリティが、これがまた高かったりするんですよね。そうなると、この部署はもうマーケティングの治外法権にするしかない。じゃあうちのマーケティングは3Pだと。それはそれでいいと思います。親会社が流通系なんでPlaceは固定されてるんだ、だからうちのマーケティングは2Pだ、でもいいです。でもさすがに1Pだとマスターベーションですよね……。4Pとか3Pとか言ってるとどうも妙な方に連想が行きがちですが、書いてることは大真面目ですよ！

成長に乗っている企業の社長さんほど「うちは課題だらけだ」と愚痴をこぼすそうです。それは裏返せば時代に合わせて常に企業を変化させ続けなければという意思の発露でしょう。もちろんマーケティングなど気遣う必要のない幸運な社長さんもいらっしゃいます。宣伝部長が優秀な方で、任せておけばキッチリPromotion費のリターンを生み出してくれるし、エージェンシーとの関係も良好に保ってくれる。CMOの採用が大当たりで、商品開発から営業現場まで一新され、多大な利益をもたらしてくれた。とか。でもそういう事例は毎年20％ぐらいずつ減っています（出典：小霜の肌感覚）。

二章以下では社長が気にしておくべきマーケティングのPromotionの問題について主に述べようと思います。先述したように自分の軸足はPromotionなので、それ以外の詳しい洞察については専門の方に譲るべきでしょう。Promotionだけ採り上げても、今の企業はこれだけ課題だらけなのだと捉えてください。

第一章のおさらいと用語解説

❖マーケティングとは

生活者の中に商品やサービスへの価値を生み出すために、商品開発から販売現場まで設計・管理すること。Product, Price, Place, Promotion の4Pで構成される。日本の広告業界ではPromotion だけをマーケティングとしてきたが、4Pを独立させず掛け合わせてマーケティングを設計する必要がある。

❖マーケティング部という呼称を宣伝部に戻す

4Pを全て担う部署は現実的ではない。Promotion のプロとしての宣伝部、あるいはプロモーション部とし、社長中心でマーケティング会議をする、というのが本書の提案。

❖マーケティング組織を作るステップ

①マーケティング組織の全体像を設計　②その組織の回し方を決める　③その組織に企業カルチャーを植え付ける　④マーケティングの損益計算をルール化　⑤採用方針、育成方針を決める　⑥外部パートナー連携の仕方を決める（①〜③は社長が担う範囲）。

❖社内のマーケティング組織に貯めるべきもの

・「直感力」に秀でた人を育てる。
・「共有知見」（デジタルの知見に秀でた人を宣伝部に一人引き抜くのが大前提）。
・「データ」（取得する前に、どう整理するかを決める）。

社長マーケティングに重要なキーワード

❖ 4P

マーケティング戦略の立案・実行プロセスの1つである、マーケティング・ミックスを構成する要素であり、Product（プロダクト：製品）、Price（プライス：価格）、Place（プレイス：流通）、Promotion（プロモーション：販売促進）の頭文字をとってまとめたもの。

❖ ダイナミック・プライシング

市場の需要と供給に応じて価格を変動させること。

❖ LTV

Life Time Value、顧客生涯価値。一人の顧客が生涯にわたって（取引期間全体を通して）企業にもたらす利益の合計。

❖ OMO

Online Merges with Offline、オンラインとオフラインが分断せず融合した状態のこと。

❖ D2C

Direct to Consumer、仲介業者を挟まず、顧客と直接的な接点を持ちネットを中心に販売するビジネスの形態。

❖ プロフィットセンター

利益を直接生み出す部門。

❖ コストセンター

利益を直接生み出さない部門。

回り道コラム①

「価値」とは生活者の中に生じさせるもの、と言いましたが、その価値も表面的なものと目に見えない潜在的なものがあります。その潜在的なものを「インサイト」と呼びますが、こっちの価値の方が本質的であり、重要です。それを掘り起こすためのメソッドがグループインタビュー、デプスインタビューなどの定性調査で、僕はできる限り立ち会うようにしています。

たとえば塾に子どもを入れる時、お母さんはどういう価値を求めるのか？　普通に考えれば、「成績が上がること」ですよね。ところが定性調査をすると、そうじゃなかったんです。「勉強しろー」とガミガミ言う、イヤな自分からの解放だったんです。そこで僕がアドバイザリー契約をしているやる気スイッチグループのスクールＩＥでは、お母さんが子ども部屋に来て「ちょっと、いい加減に早く勉強や…」と言いかけると自発的にやってるのを見て、「や…ってるぅ〜」と喜びのオペラになるというCMを流しました。結果的に申し込み数は爆発的に増加。ミドル・ファネルを採り入れるなどの新しいコミュニケーション設計も寄与しましたが（ファネルについては三章で解説します）、このクリエイティブが大きく貢献したことは間違いないと思います。思い込みを排し、ターゲットの潜在ニーズをどれだけ掘り起こせるか、そこで間違えるとストラテジー以下全てを間違えてしまうことになります。

自分がお付き合いしているベンチャーの中に脳波の強さを簡易に測定できるメソッドを持っている会社があるのですが、その技術を用いて被験者の会話の内容と脳波の反応を掛け合わせると、立ち会って話を聞くだけでは掘り起こせない深いレベルのニーズが顕在化されることがわかってきました。また、これもお付き合いのあるチャットセンターの話ですが、顧客を購買や申し込みなどに誘導する中でわざといろんな言葉を投げかけると、それが「呼び水」となって出て来る言葉から潜在的な欲求が引き出せると言うのです。VoC（Voice of Customer）をデータ化すべしとは良く言われますが、ネットなどで生活者が発する「声」はすでに顕在化されたものです。刺激に対するレスポンスはいわばＩｏＣ（Insight of Customer）とも呼べるもので、これをテキストベースでデータ化できるのがこのベンチャーに僕が見出している可能性です。

今後はこういったメソッドも採り入れてインサイトを発掘しようと思っています。

第二章
「名物宣伝部長」は
どこいった

この章では「人」について述べてみようと思います。従業員、外部パートナーも含め、マーケティングをサポートする「人」について間違えないこと、それがマーケティングを正しく機能させるために、何はなくとも欠かせない急所と思いますので。

もともと企業の経営はざっくり、「商品開発」「製造供給」「営業」「財務」と、それらを支える人事や総務で成り立っていました。今は「商品開発」や「営業」を組み込んだ「マーケティング」と、「製造供給」「財務」の三本柱で成り立っていると言う人が多い印象です。

さて企業というもののほとんどは、一人の創業者の思いから始まっているはずです。こんな商品を世に出したら当たるんじゃないか？　と閃き、実際にどれくらいのコストで作れるのか？　と工場に行き、どこで売ればいいんだ？　と流通に行き、それらを実行するための資金繰りの相談でどのくらい借りられますか？　と金融機関に行く。「商品開発」「製造供給」「営業」「財務」これらをほぼ一人でやるところから始めるわけです。

事業が軌道に乗り、企業規模が大きくなるにつれ、「分業」が始まります。「商品開発部」「営業部」「財務経理部」といったふうに。いわゆる「組織」の始まりです。そしてこれら組織の責任範囲を明確にし、各業務が正しく行われているかをチェックするのが社長の役割となります。時々、あちこちでトラブルが発生することもあるでしょう。でもどれも自分でやって来たことだから、「現場カン」が働きます。ああそいつの原因はこういうことだな……○○銀行さんだったらオレが行って頭下げりゃあそれで収まるだろう、とか。

ところが、この分業体制の中に「宣伝」というワケのわからないものが紛れ込んできます。どうやら「クリエイター」とかいう特別に感性の発達した人種がやらないといかんらしい。どんだけ営業支援になってるかなってないかよくわからんが、競合他社も金かけてるみたいだし、うちもやらないわけにいかないか。まあ、うちも宣伝部を設けて人事部に誰か適任そうな人間を選ばせて部長にして、エージェンシーをうまくハンドリングしてもらうしかないだろう。

要は、ここなんです、ポイントは。企業のトップは、その企業の現場カンがあるんですよ。創業者でないにしても、営業出身だったり製造出身だったり人事出身だったり、ご自分の基盤の差こそあれ、だいたいの現場カンは働きます。しかし、マーケティングの現場カンどころか、宣伝の現場カンを持っている叩き上げのトップはほとんどいらっしゃいません。日本を代表する企業のトップでそれを持ってらっしゃるのは相談役島耕作ぐらいじゃないでしょうか。

そして、宣伝ワケわからんけどまあ収益も伸びてるからいいか、と思えていたうちはそれでもよかったんです。そこに「コモディティ化」の波が押し寄せます。創業者が閃いたアイデアからできた商品はもはやオンリーワンではなくなります。特許をうまくかいくぐり、競合他社がまねっこの商品を発売します。しかも低価格で。気がつけば護送船団方式で守ってくれていた行政も手のひら返しで「これからは自由競争」と見放すような言い方するしー。たちまちシエアは下降して、企業の成長も踊り場に。

社長は気づきます。この状況を打破するにはうちも「マーケティング」ってやつをちゃんとやらんといかんのじゃないか？　「経営者の集まり」で「うちはマーケティングに力を入れてから業績が上向きましてねえ、そちらはどうですか？」とか言ってた社長もいてムカつく。

そこで、「マーケティングやれ」と命じて宣伝部の呼称をマーケティング部にしたり、「○○マーケティング」といった別会社にしたりします（ここがもう間違いなのですが）。思い切って3億円ぐらいTVCMやってみるか。エージェンシーにCM企画のプレゼンをさせます。CM制作費5千万円？　オレの家っていくらだっけ。そういうものなのか。でもなんだか表現が「強い」気がするぞ。タレントも旬だし。流し始めると、SNSでいろいろ話題になっているそうだ。これはさぞかし売上げも爆上げ……と思いきやピクリとも動いてないーッ！　マーケティング部は「広告賞獲れそう」とかいって喜んでるようだが……。こ、これはもしや……何の成果にも結びつかないのに「何かやった」感だけ残る、最もよくない状況なのでは？

つまり、我が社にはマーケティングできるヤツがおらんのだ。じゃあマーケティング畑を歩いてきたスペシャリストをＣＭＯ（Chief Marketing Officer）として迎え入れればいいんじゃないか？　ということで、転職エージェントが推薦した人と面接します。「御社は今まで本当のマーケティングをしてきていません」などと言い切ったヤツがいたな、よくわからんが、自信はありそうだ。外資系出身だけあってパワポもカッコイイし自分にはよくわからんカタカナ言葉も知見の広さを感じさせる。実績もあるってことだし、転職エージェントに払う３００万円はちょっともったいない気もするがそうも言ってられん。彼に決めよう。

そのＣＭＯは入社するやいなやいろんなことを変え始めます。それまで10年以上付き合いのあったエージェンシーをデキレースのコンペでクビにして、自分と付き合いのあるエージェンシーに替えます。クリエイティブはこれまでと全く異なる方向性に。異論を唱える部下はソッコーで異動。確かに初年度の売上げは上がった！　でも２年、３年と経つにつれ商品の売上げは……ダダ下がりーッ！　なぜ？　なんでこうなる？

彼が「実績」と称していたものはただ変えただけ、壊しただけのものだったのだな、と社長は気づきます。短期目線の無理で売上げをゴリ押ししていただけ、しかもエージェンシーとの関係は最悪のようで、先方から仕事を断ってきていると聞く……。叱責しても状況は改善されないので、円満退社という名で実質クビにします。（うちのことも実績にされるんだろうな……）と、彼が転職して行く先の企業に若干の同情を覚えつつ。さて、どうしよう。新たに募集かけるか？　信頼してマーケティングの全権を与えられる人物が来るのか？　迷った末、あなたが出した結論は、「オレがやるしかない！」です。

企業というものは往々にして成長期はイケイケドンドンで、疑問を持つことが悪とされ、「取りあえずこのままやり抜くのが善」というムードに支配されがちです。ところが低迷期に入るとそれがマンネリズムに変質し、保身や他責が蔓延し始めます（大企業病）。この状態でマーケティングを導入して部下に委ねても正しい解は得られません。保身や他責に走りやすい人たちにとってマーケティング領域は天国だからです。その理由はこの本を読むにつれ追い追い理解できると思います。だから、トップ自らマーケティングを主導する企業が増えているのだと僕は見ています。企業の中にあって「他人のせいにできない」唯一のポジションが社長です。社長本来の役割はリーダーシップの発揮です。逆説的に言えば、**今、最も求められているリーダーシップの発揮場所がマーケティング領域**とも言えるでしょう。

管轄外の責任を負わされる宣伝部長

広告主の宣伝部長、マーケティング部長の多くは今けっこう辛い立場にいらっしゃいます。その理由を端的に言えば、自分の権限や知見の及ばないところの責任まで問われるからです。「歩」しか動かす権限がないのに「なぜ将棋に勝てないんだーッ」と役員会で叱責されるようなかんじでしょうか。羽生さんのような天才なら歩だけでも勝てるかもしれませんが……。

ある大手家電メーカーでこんな話を聞きました。量販店の売り子さんたちの多くはメーカーからの派遣です（ちなみに僕も学生時代アパレルメーカーからの派遣で洋服売ってました。売上げ1位でデパートから賞状をもらったことありますエヘン）。そこで「広告費を減らして、その分のお金で派遣店員を増やす方が売上げに直結すんじゃね？」という議論が出て来ていると。でもそれ、誰が判断できるのでしょう。宣伝部長はもちろん、マーケティング部長だって、派遣店員の予算をどうするかという権限なんて持っていません（本来はそこもマーケティングの範疇なのですが）。結局はトップがバランスを見て決めることになるのでしょうが、宣伝部からすると「予算減らされた……orz」となり、営業部からすると「予算勝ち取った！」となって、対立構造を助長してしまうのです。本来は一体とならなければいけないのに。

「報奨金」というものがあります。一定の売上げを立ててくれた流通に対して、メーカーが代金の一部を割り戻すもので、「リベート」とも呼ばれます。僕がお付き合いさせていただいていた飲料メーカーの場合、新商品を上市して華々しく広告を立ち上げても、競合メーカーがそれに合わせて競合商品をドーンと店頭で割り引くんですよ。報奨金制度を利用して。そこは報奨金制度を導入していなかったので、結局、店頭で売り負けてしまうんですね。そしてそこも、宣伝部の管轄外。「なんぼプロモーションをがんばってもこれじゃ意味がない、営業は何やってんだ」という言葉をいつも聞いてました。報奨金制度は日本独自の非常に不透明な商慣習で、ビジネスの公平性が担保されないと海外の企業から批判を受けることもあります。名を取るか実を取るかの判断ができる部署がないのは問題と言えましょう。最近そのメーカーは、Promotion予算を報奨金に割くことを決め、売上げを大きく伸ばしているようです。

また、こんな例も挙げておきましょうか。僕がCD（クリエイティブ・ディレクター）をやらせていただいていた消費者金融。消費者金融は貸金業法にがんじがらめに縛られていて、年収の3分の1以上は貸し出せません（銀行ローンは貸金業法の適用外なのでいくらでも貸し付けることができ、こちらが社会問題化しています）。初めて消費者金融からお金を借りる人が他社で上限まで借りてしまうと、もうその人に貸し出せるチャンスはなくなります。なので、どの競合会社よりも先に新規顧客を取り込むことが重要となります。では、初めてお金を借りる人が消費者金融会社を選ぶ時、何に最も影響されているのか？　これを調べたことがあります。「看板の数」でした。消費者金融の店ってよく雑居ビルとかに入っていて、ドーンとブランドロゴが大きく乗った看板を出してますよね。あれをよく見かけるほど、信頼感に繋がるようなのです。そして、広告ってさほど貢献してないんですよね。これって清涼飲料の自動販売機に似ているところがあるなあと。

自動販売機の数で圧倒的に多いのはCCJC（日本コカ・コーラ）で、2位がサントリー。特に缶コーヒーとかは自動販売機で買われるので、機数で劣るメーカーがいくら広告でがんばっても追いつくのは無理なんです（自動販売機全体の売上げは漸減傾向にありますが）。

このように、**生活者からは見えないPromotion「外」のところで大きく商品の売上げに影響するものがいっぱいあるのに、Promotionしか武器を持たせてもらえない宣伝部長が「何やってんだ」と役員会で吊し上げられる、**ということがあちこちで起きているわけです。

広告業界の構造的問題

以前、「名物宣伝部長」と呼ばれる方があちこちの広告主にいらっしゃいました。業界で有名だった名物宣伝部長と言えばソニーの河野さんとか。打合せしてもいったい何を求めてるんだかさっぱりわからないんですよ。たぶんご自分でもハッキリとおわかりではなかったんじゃないかな。でも、あ、こういうことか！　と閃いて表現にすると、そう、こういうこと！　とレベルの高いものが出来上がるんです。彼が異動されてからソニーはマーケティングを分社化しましたが、ソニーの広告、どこかで急に変わったな、という実感ないですか？　どっちの方向に変わったかはあえて言いませんが。

個人的にものすごくお世話になった名物宣伝部長はPlayStationの佐伯さんですねえ。明治通り沿いに「佐伯医院」の電柱広告があるんですが、佐伯さんが転職されてからも数年は「佐伯」という文字を見るだけで心臓がドキーンとしたものです。この人のことを喋るとそれだけで本一冊ぐらい書けそうです。大変でしたがメチャメチャ鍛えられました。PlayStation3がスタートして半年経った２００７年秋頃に彼が異動されて、その後外資系エージェンシーが担当することになったのですが、PlayStationの広告、どこかで勢い落ちたな、という実感ないですか？　いろいろ新しいチャレンジをしたようですが、今では、というか今でも、彼が20年以上前に作り上げたゲームＣＭのフレームをそのまま踏襲し続けているように見えます。

確かにその時代はまだマーケティングというものの定義も曖昧で、宣伝部長の守備範囲もPromotionだけでした。しかし、Promotionだけであっても、誰よりも、社長や役員よりも深く考え、時には役員会議で戦うことも辞さない人たちでした。エージェンシーを（良くも悪しくも）自分の部下のように扱い、朝令暮改、君子豹変は当たり前、でもエージェンシーを守ってくれたりもしました。僕のことも「小霜ー！」とか「コッシー！」とか呼び捨てでしたが、それが逆に心地よかったですねえ。なのでエージェンシーも「大変だけど、この人についていけばいいんだ」という全幅の信頼を寄せていました。こういう方々があちこちの広告主から消えていって、統制がきかなくなった気がします。あまり良い喩えではないけどフセインがいなくなってイラクがかえって混乱のるつぼになってしまったような……？　じゃあなぜ消えてしまったのか。

当時は「握る」という言葉がありました。たとえば、ある案件でエージェンシーが赤字を出さざるを得ないことになってしまった。それで次の案件の見積もりを持って行く時に、「ここで補填したいんで、ちょっと盛らせてほしいんですよね」「うん、わかったよ」といった。今は「透明性」が重視されてます。なので、右に書いたようなことはできなくなりました。じゃあある案件で赤字を出して、何かで補填したいとなったらエージェンシーはどうするか？こっそり盛ったりするんですよね……。もちろん人によりますが……。「この見積もり、なんだか高過ぎない？」「いえ、これはこれこれの理由でこんだけかかっちゃうんですよ（大嘘）」

「うーん、仕方ないか……」

「セキュリティ」の問題もありますね。以前は企業の中にいろんな人が勝手に入って来られました。新人研修が終わると保険のオバチャンが待ち構えていたりとか、僕がコピー書いてるとCMプロデューサーがメシの誘いに来るとか。は、どうでもいいんですが、エージェンシーの営業さんが宣伝部長のところにフラッと行って、「タレントの○○が××の契約切れることになったらしいんですよ。先に押さえちゃいません？」と耳打ちするとか、この、フラッと行って耳打ち、がけっこう大事なんですよね。そこから話がガーッと大きく膨らむこともあるので。

ところが今は、非常に杓子定規な付き合いしかできなくなっちゃいました（地方ではまだ人と人のべったりした関係の中で仕事を回してるところ多いですが）。「癒着防止」みたいな理由で、宣伝部長というポジションには3年ぐらいしか留めない、という広告主は多いです。そうすると常に素人状態なので、業界のことが全くわからない。そうするとエージェンシーもついついそこにつけ込んでしまう。どうせ腹を割って話す、互いの事情を斟酌《しんしゃく》する、ということなんてできないので。で、腹の探り合い、不信の負のスパイラルにどんどん落ち込んでいくわけです。果てにはエージェンシーと会社の外で会うことすら禁じる、みたいなことになったり。

「指示通りにやってくれ」となり、そういった広告主のCMはただの「15秒商品解説ムービー」でしかなくなります。もしエージェンシーと外で会ってはならないなどといったルールがあれば即時撤廃してください。

「カサンドラのジレンマ」という言葉がありますね。トロイの滅亡を予言したカサンドラの逸話から生まれたものですが、悪い話をする人に得はないってことです。悪い話をするとその人に何の責任もなくても怒りの矛先はその人に向きがちですよね。でも黙っていると自分も含めて悪いことになっていくだけで。このジレンマを乗り越えて**トップに悪いことは悪いと話せたのが名物宣伝部長。**ただ、敵も作りやすいので、役員の力関係が変わると排除されるリスクが伴います。今は、トップにはいい話しかしない、トロイが滅びる前に逃げればいい、という風潮を感じます。実質的には「購買部」です。メディアやコンテンツをエージェンシーから買い付けるだけの窓口部署。すでにそのように揶揄され始めています。これを宣伝部に戻さなければいけません。

僕は、「昔はよかった、それに比べて……」とか、そういう懐古的なことを言いたいわけではないのです。何が言いたいかというと、これは時代の制約の問題、企業や業界の構造の問題ということです。大手エージェンシーが軒並み非上場から上場企業になった、ということも大きいです。現状、**宣伝部、マーケティング部とエージェンシーには大きな溝が生まれています。**僕の契約クライアントも、何社かはなぜか僕が企画するのはいいのに、僕から直接プレゼンされることに抵抗あるようなんですね。その理由を聞くと「小霜さんにはテーブルのこっち側にいてほしいんですよ」と。エージェンシーなどプレゼンする人たちとの関係が対峙的になってきてるんだなあと感じます。

宣伝部とエージェンシーの深まる溝

そもそもの話、エージェンシーには根本的な利益相反の問題があると思っています。AさんとBさんの利益がぶつかる場合、弁護士はどちらか一方の代理人(＝エージェント)しかできません。一人の弁護士が両方の間に入るのは違法です。あんたどっちの利益を守ろうとしてるの？　ってことですね。

利益相反は不動産業や金融業などいろんな業態で問題になるもので、企業によっては第三者機関を設けるなど、非常にナーバスに取り扱われるべきものです。僕自身、広告主のアドバイザー活動をする中で、「これは利益相反に当たらないか？」と悩むことはしばしばありますよ。僕はいろんなベンチャー企業とお付き合いがありますが、そこの技術を採り入れるとクライアントにとってすごくいいんじゃないか？　と思って紹介することがあります。「ことがある」どころか毎月何件もそういうことやっていて、紹介料とかは全くもらわない純粋な奉仕なのですが、悩むのはそのベンチャーとアドバイザリー契約を結んでいる場合です。そうすると間接的にとはいえ両方から利益を得ていることになるでしょうから、それは許されることなのかな……でもクライアントのためになることなのだからやらないのもおかしいよなあ、とか。

広告エージェンシーはＴＶ番組のＣＭ枠を独占するために、その枠をいろんな広告主に売りまくります。当然、できるだけ高く売ろうとします。その時エージェンシーはＴＶ局のエージェントになっています。オリンピックなどイベントの権利もそう、タレントのキャスティングもそう。

僕が新人の頃、エージェンシー内では「パートナーシップ」を大事にしよう、と言われていたものです。徹底的に広告主の利益になることだけ考えようと。それで短期的に損することがあっても長い目に見れば結局得をすることになるのだと。いい時代でした……（やっぱり懐古主義でした……スミマセン……）。それが成立したのは、非上場だったことと、儲かっていたからでしょうね。今では僕の知る限り、どのエージェンシーも「自社の利益を最優先する」という形でエージェントの禁忌を冒しています。広告主の無知につけ込んで法外なメディア手数料を取るとか（えっ40％払ってた？　そのエージェンシー今すぐクビにできます？　みたいな）。タレントを他のエージェンシーの扱いメディアでは使えないような契約にするとか（それが業界の常識だって言ってたんですか？　それは大嘘なので、みたいな）。制作スタッフのフィーを実際の何倍にも書き換えるとか（1日300万？　このカメラマンどう考えても50万クラスですよ！　みたいな）。意味不明の明細があるとか（この1千万って何です？　何だかわからない？　じゃ削りましょうよ、とか）。何でもかんでも権利で縛りつけるとか（CM音楽のアレンジに権利が発生してて使えない？　そんな権利ないですないです大丈夫ですよ使いましょう、とか）。……枷を外して広告主が動きやすいようにするのがエージェントの仕事だと思うんですがねえ。

デジタルシフトの流れも大きく影響しているでしょうね。マス広告と違って納品してからがスコアを追いかける無間地獄の始まりなので、エージェンシーの収益もモラルも圧迫します。その労力に対する「正価」が認められているとは言い難いです。ここを正しく認めなければデジタルを含めたクライアント・ファーストの提案はしにくくなります。

それでもちゃんとした営業さんもいらっしゃいますよ。ただ、「主君への忠と親への孝とどちらを優先すべきか」という孔子への問いのように、クライアントの利益を大事にして自社の利益を上げないと上長に怒られて評価が下がってしまうというジレンマでもがいています。最近は大手エージェンシーも世代交代でオールド・グッド・営業マンが現場からどんどん去って行ってる感ありますね。

一方、昨今はクライアント側にコンサルが入ったり、宣伝部やマーケティング部の長を中途で採用したりする例が増えてきています。そういう人たちは往々にしてエージェンシーいじめをします（もちろんそういう人たちばかりではなく、「逆」のケースもあります）。予算やスケジュールなどで、いろんな無理を強要するとか。今すぐの成果を求めるとか。あからさまなデキレースのコンペでそれまで成果を上げてきたエージェンシーをあっさりクビにするとか。たいした知見のないのがバレないようにわけわからないことを言うとか。君がッ泣くまで殴るのをやめないぃッ！　と妙にジョジョに感化されたような人もいますが、エージェンシーはパンチドランカーになるだけです。

名物宣伝部長は無理を言っても（「企画1秒！」って何やねん……とか）扱いは守るなどのバランス感覚でエージェンシーのモチベーションを上げ続けましたが、昨今中途でPromotionの責任者につく人の中には無理を通すあげく扱いを減らしたりしてモチベーションを下げまくる人も少なくないです。そんな不義理ばかりやっていると、業界内ですぐ悪評が立ち、優秀で仕事に困っていないスタッフは離れていき、仕事に困っている能力の低いスタッフしか集まらないことになります。長い目で見ると広告主にとっては不利益なのですが、「なんかわからんけど大ナタ振るってるな」という印象をトップに与えたいんでしょうね。自分が信じることのためにはトップとぶつかることも辞さない名物宣伝部長とは真逆です。反対に、エージェンシーにものが言えず、そこそこでいい、波風立てなければいい、という羊さんな宣伝部も実に多いです。当然、なめられます。いずれにせよ、かくしてエージェンシーも隙あらば巻き上げてやれという風潮が出来上がってくるわけです。

広告主からエージェンシー、プロダクションへの発注の流れの典型例

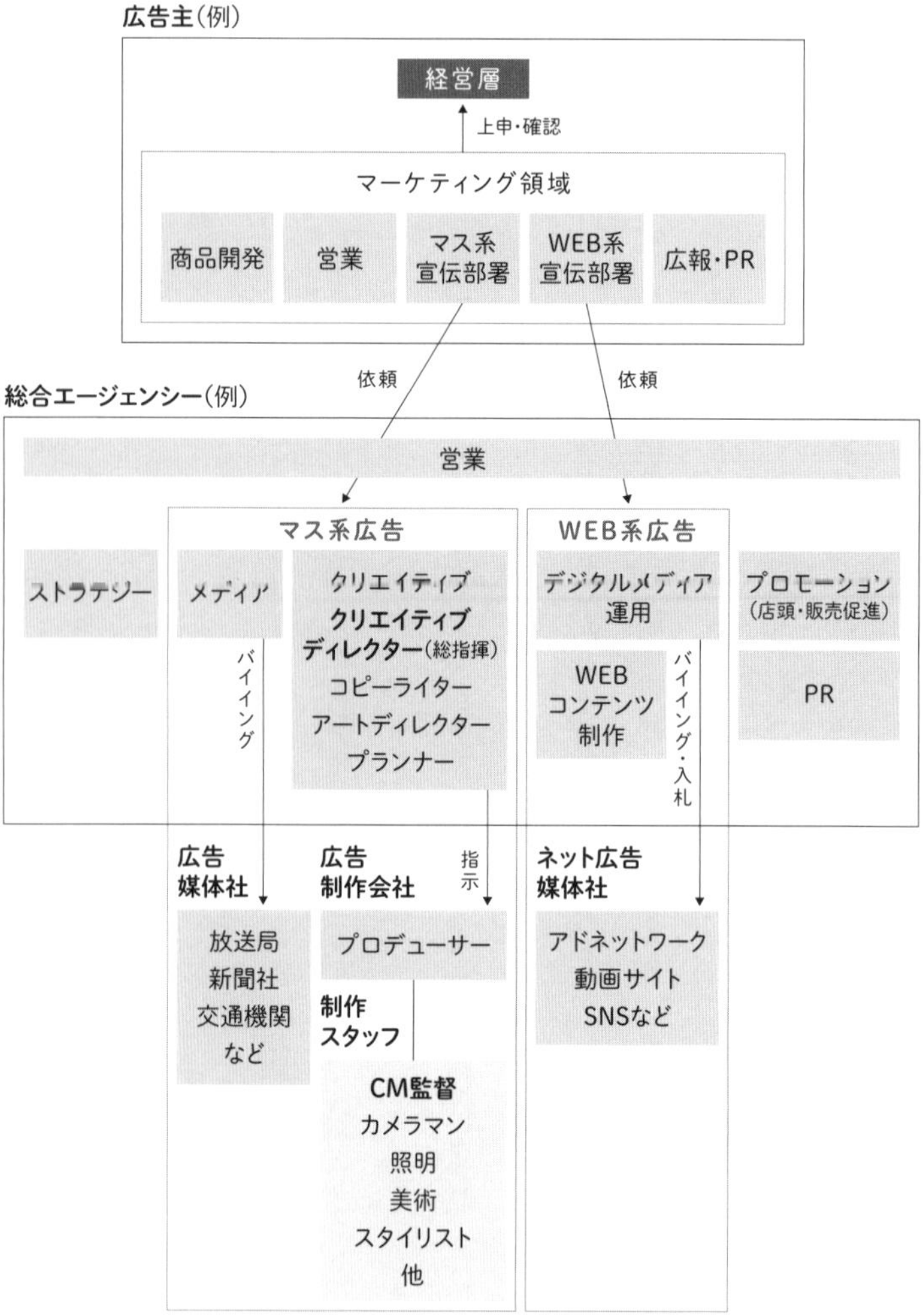

ＣＭＯに「４Ｐ」全部預けられるのか？

話は逸れますが、クリエイティブ・ディレクターはハイパーインフレの通貨みたいになってます。ＣＤの役割もいろいろですが、クライアントのキーマンと面と向かって丁々発止できる能力が必要です。僕が新人だった頃、大手エージェンシーでもそこまでの人は10人もいませんでした。その上のＥＣＤ（エグゼクティブ・クリエイティブ・ディレクター）ともなると１人か２人です。ところが今は年功序列で30歳ぐらいでＣＤの肩書きが自動的に付いちゃったりして、石を投げればＣＤに当たる、ＥＣＤでも１社に数十人もいたりするんですよ。しかもあるエージェンシーは新卒２年目ぐらいからＣＤの肩書きを与えようとしているという話も聞きました。マジかと。ベネズエラの紙幣かと。「名ばかりＣＤ」の量産時代です。

そもそも広告エージェンシーは一般企業の部長クラスを局長と呼び、課長クラスを部長と呼んで来ました。肩書きが高い方がプレゼンとかで「わざわざ部長が来た」と恩に着せやすいので。深刻な人材不足も相まって、それがベネズエラ化してクリエイティブ部門にまで押し寄せたわけです。即席CDたちも、彼らは彼らで可哀想なんです。自分の手に負えないことを無理にやらされてるわけですから。

僕がすごく困ることの一つとして、広告主の中に「クリエイティブって割と誰でもできるんじゃない?」といった空気が生まれ始めています。かと思えば「一握りのクリエイターにしか強いクリエイティブは作れない」と信じ込んでいるところもあって、極端なんです。

クリエイティブ・ディレクターは誰でもできるような職種ではないですよ。『信長の野望』に例えれば「クリエイティブ力:80　戦略構築力:80　テクノロジー理解力:80　クライアント調整力:80　スタッフ掌握力:80　メンタル力:100」といった戦闘・知略・内政全てがバランス取れた羽柴秀吉タイプのキャラじゃないと務まらないので。でも、きちんと経験を積めば誰にでも果たせる職種であるとも思います。エージェンシー自らがクリエイターとかCDの価値を下げちゃっているように思うんですよねー。

CMOも、ちょっとこれに似た匂いがするんです。「4P全部まかせとけ」なんて言える人、どれぐらいいるんでしょうか。商品の上市を成功に導くためにはこれだけの能力が求められるはずです。
・市場動向、生活者インサイト動向の洞察力
・ＳＴＰ（セグメンテーション・ターゲティング・ポジショニング）の戦略立案力
・投資計画、予測Ｐ／Ｌ（損益計算）策定の財務知識
・商品製造の原価計算、リクープライン（どの時点で投資回収できるか）の知見
・パッケージデザインの知見
・稟議をトップへ通し納得を得るためのプレゼンテーション力
・多部門を率いるマネジメント力
・各部門から協力を引き出すファシリテーション力
・Promotion全般、コミュニケーション設計、広告表現、についての構築力・判断力
・流通支援、店頭での販売促進の知見
・営業との折衝力
・社外パートナーの力を引き出すマネジメント力
・マーケティング施策全体のモニタリング力
・法改正などルール変更への対応力

・躓いた時の課題発見力
・課題に対しての解決力　etc, etc.

昨今のCMOブームに乗っかって、ちょっとコミュニケーションストラテジーを齧っただけの人がCMOって自称してるのが大半なんじゃないかな。採用しても、結局、宣伝部長をCMOという呼称に変えただけ、とか、中途半端な位置づけでただかき回されただけ、とか、そんなことにならないかという不安の方が大きいです。ちなみにデジタルマーケティングプラットフォームを提供しているサイトコア社のCEOへの調査では、グローバルでも80%は自社のCMOを信頼しておらずあまり評価もしていない、CMOの11%しか顧客創造全体に投資する権限をもっていないとの回答を得ています。

ブランドマネージャーは1つの商品について4P全てが責任領域、ということでCMOの理想像に非常に近いです。全商品のブランドマネージャーが理想のCMO、とも言えるでしょう。一時はどのメーカーでもブランドマネージャー制が花盛りだったのですが、やや尻すぼみ気味になって来ている理由としては、やはり責任と権限の不一致があります。また短期成果を求めがち／求められがちで、上市の年は調子よかったけど2年目以降はガクッと売上げ下がるとか。

短期でもすごい成果が出ればそれをネタに本書けたりWEB記事でインタビュー受けたりひょっとすると『情熱大陸』とか『プロフェッショナル』に出演できたりしてキャリアアップに有利ですし、中長期よりも短期の方がはるかに成果は出しやすいです。なので社員の個別最適化の必然として、企業内の短期成果主義は増しているように感じます。それが行き過ぎると「ブランドマネージャーってどうなの」となるわけです。

最近米国ではCRO（Chief Revenue Officer）という役職も登場しているそうです。売上げ（Revenue）全体に目を光らせる役割だとか。ちょっとこれはよくわかりません。それって社長の役割とどう違うのかな……と。ホンダの従業員は新車の名前かと思って混乱するんじゃやないでしょうか。

ただCCO（Chief Customer Officer）は本物っぽいです。企業のビジネスモデルが単品売切りモデルからサブスクリプションモデルに移行する中で、顧客との関係に目を光らせる職種は重要度を増しています。CCOがCMOを兼ねる企業も増えるように思われます。このあたりについては六章で詳しく解説します。

社長と部長はパートナー

企業内はいろんな事情で溢れかえっていて、しかもどれも無視できません。パラドックスでジレンマでバーター関係でこっちを立てればあっちが立たず。クリエイティブはそれをより高い価値に昇華できるメソッドでもあります。少し前、「デザイン経営」という言葉が流行りかけました。自分にはよく意味がわからなかったのですが、クリエイティブ思考で様々な事情をガラガラポンして高いレベルでカタチにせよ、ということなら理解できます。そこに最も近い人は宣伝部長なのですが、社内パワーが相対的に低下することによって、全員納得の調整役でいっぱいいっぱいの感があります。

なので打合せしていて実際に感じるのは、社長の判断と部長の判断は違うってことです。僕はエージェンシーサイドで長くやって来たもので、部長判断がまだ基準になっちゃってます。それは、横の関係とかいろいろ気にしてちょうどいい落とし所を見つけるってことです。「このぐらいのメッセージがちょうどいいんじゃないかな」と。

　ところが社長は、「言うならここまで言いたいなあ」と、シレッと強いメッセージにしたがるんですよ。「そこまで言っちゃうと、営業の方とか困りません？」「そんなのは対応しろって言うから気にしなくていいです」で、強いPromotionができるんです。

　マーケティングコストは売上げの10％とか、企業によっては50％以上ってところもあるわけで、デカいですよ？　使うなら思い切って使いたいですよね。僕はこれまでエージェンシーサイドでも成果に繫がる提案をしてきたつもりですが、社長のアドバイザーとして仕事する方が明らかに高い成果が出ます。「あれ、あの企業、思い切ったCMやるようになったぞ」と思える時は、だいたいトップが自らマーケティングを見始めるようになった時です。トップが決めるようにすることで一点突破の鋭い広告ができるようになるのは間違いのないところです。たとえばソフトバンクの孫さんは自らTVCMをチェックされるそうで、エレベータープレゼンはもちろんトイレにまで着いていってCMコンテを見せるとか（噂ですよ、噂）。KDDIも社長自らTVCMを判断すると決めたことで「三太郎」シリーズが生まれたとか。トヨタも豊田章男社長の体制になってから自らTVCMのプレゼンを受けることで尖った表現ができるようになったとか。

海外でも、トップの強い決断があって初めてできる成功事例が多々出て来ています。ナイキの「Dream Crazy」キャンペーンは極端な例ですが、経営的にかなりリスキーなものでした。人種差別に抗議して国歌斉唱中に起立しなかったことで引退に追い込まれた元ＮＦＬのコリン・キャパニックを起用。トランプ大統領から非難、保守派から総攻撃を受けて株価まで急落する事態となったのだけど、そのまま企業意志を貫いて結果的に株価は反転、史上最高値に。トップの心臓が相当タフじゃないとできないことです。

社長がマーケティングを見るべき理由として誰かが４Ｐ全般を掌握しなければいけない時代ということもありますが、**トップの強い意志がないと勝てない時代になっている**、ということも大きいのです。ストックホルム大学の調査では、パフォーマンスを出す鍵は刹那的な才能ではなく持続的な意志力だそうです。中期経営計画、また五章で後述するVisionをやり抜く持続的な意志が経営者に欠かせないのは当然として、自社マーケティングのパフォーマンスを最も引き出せる人物もトップということになります。

前章でマーケティングとは４Ｐ全体の管理であると述べました。そして実質、それらをある部署、ある個人が統括するには無理があるとも述べました。ところが現状、権限を与えないのに上は下を叱責し、下は外部を叱責し、それがゆえに外部は下に腹を割らない、下は上に腹を割らない、という関係性に陥っている様子をよく目にします。社長と部長はパートナーです。**社長が賄いきれないPromotionの専門性について補完するのが部長の役割で、そこの歯車が噛み合った時マーケティング全体が動き出す**わけです。社外環境、社内環境に気を配りつつ、ぜひ建設的な全体のパートナーシップを築いていただきたいと思います。

では、次章ではマス・デジタル融合のコミュニケーション全体設計の新しいやり方に沿いながら、マーケティング組織の問題に触れていきます。

第二章のおさらいと用語解説

❖組織の責任範囲を決める

Promotion の外（派遣店員の予算や、流通への報奨金など）が商品の売上げに大きく影響しているのに、Promotion しか武器を持たない宣伝部長が権限の及ばないところまで責任を問われているのが現状。

❖名物宣伝部長が消える

Promotion を誰よりも深く考え、役員会議で戦うことも辞さない名物宣伝部長たちは、エージェンシーを自分の部下のように扱ってきた。だが現在は、癒着防止を避けるため、宣伝部長のポジションに長期就任しにくくなった。部長が素人状態だと、宣伝部がエージェンシーから買い付けるだけの窓口部署になる危険がある。

❖ 4Pを任せるためのスキルとは

市場・生活者インサイトの動向の洞察力、STPの戦略立案力、財務知識、パッケージデザインの知見、プレゼン力、各部門を率いるマネジメント力、ファシリテーション力、Promotionの構築力・判断力、販売促進の知見、営業との折衝力、法改正への対応力、課題発見力…、と非常に多岐にわたる。マーケティングのパフォーマンスを最も引き出せる人物は、トップとも言える。

❖ 社長の強い意志がないとPromotionで勝てない

トップが自らPromotionを判断するようになると、一点突破の強い広告ができる。

社長マーケティングに重要なキーワード

❖コモディティ化

付加価値が高かった商品の市場価値が低下して、一般的な商品になること。

❖CMO

Chief Marketing Officer、最高マーケティング責任者。特に中途採用の個人にCMOを任せる場合は、4P全般の権限移譲ができる覚悟や体制があるかを、見極める必要がある、というのが本書のスタンス。

❖CCO

Chief Customer Officer、顧客との関係性における責任者で、全ての接点において顧客の期待に応えるサービス提供に責任を持つ。

回り道コラム②

よくコンペでエージェンシーの人たちが「勝った」「負けた」と言いますが、コンペの勝ち負けは広告主の勝ち負けです。正しい企画、正しいパートナーを選べれば広告主の勝ち。誤った企画、誤ったパートナーを選べれば広告主の負け。そうでしょう？　だって、スカタンな企画に何億も無駄なコミュニケーション投資をする広告主はその時点で負けじゃないですか。かたや、落ちても次のクライアントの仕事をすればいいエージェンシーと、どっちが損害デカいでしょうか。まあ僕の提案を落した広告主はほぼ100％負けですがね（僕は両親ともAB型の純粋AB型なので超不安症と超傲慢症が混在してます！）。

ともあれ、僕の眼から見ていて、コンペで勝つ広告主は少ないです。広告主サイドにいてコンペを受け、さあどのエージェンシーを選ぶかと議論してると、「えっ、そんな視点で選ぼうとしてるの？」とズッコケること多いです。そもそもコンペの評価軸を持ってないんですよ。参加者全員で点数を付けて最も高得点を獲ったエージェンシーに発注、というやり方も多いですが、それって企画の目利きが1人もいないってことなわけで、もうプロとは言えませんよね。単に軋轢を生まないための、自社組織のための評価法に過ぎないわけで。

コンペにせよ指名プレゼンにせよ、大事なのはオリエンテーションです（ちなみに「ブリーフィング」とも呼びますが、その違いはオリエンをできるだけ端的にまとめたものがブリーフィング、というイメージでよろしいかと。オリエン資料は数十ページになったりしますが外資系広告主のブリーフィング資料はA3一枚に圧縮されていたりします）。プレゼンする側に求められることは知恵を絞って優れたアイデアをひねり出すってことですが、その力点が正しく伝わらないと優れたチームであっても無為な努力をさせてしまうことになります。課題が羅列されてあるだけで焦点の見えないオリエン書は多いです。そうすると力点を決めるのに迷うことになっちゃうんですよね。ここからここまではこっちで決めた、あなた方にはここんとこのアイデアを出してほしいと、いかに精度の高いオリエンができるかが最初のキモです。

選ぶ時は、スタッフの力量と熱量に着目しましょう。具体的な企画は、力量を測るための指標だと思ってください。いくらオリエンが大事と言っても、なかなか1回で真意は伝わらないものです。僕は若いスタッフ集めて作業の指示しますが、1回目は必ず外した企画持って来ます。「そうじゃなくてさあ」と修正してようやくピントが合い出すんです。

またその企画がいくら優れていても、まぐれかもしれないし、プレゼンしてる当人たちではなくプロダクションのプランナーのアイデアかもしれません（よくあるケースです）。広告業界用語で「置きに来る」と言いますが、発注主の顔色だけ伺って通りそうな企画を持って来る、そういうチームは最悪です（でもそういうチームが「熱意ある」とか勘違いされて選ばれること多いです）。

それに、広告表現をカタチにするためにはいろんなハードルがあります。クレーム対策、炎上への留意、消費者庁との関係、メディア考査、タレント起用なら事務所との折衝。そういった外部要因で提案通りのカタチにならないことは往々にしてあります。ズルいエージェンシーはそのあたりわかっていて提案してきたりします。「このタレント本当にこの企画やってくれる?・」「可能性はあります」みたいな（「可能性はあります」にご注意を！）。後で「やっぱりダメでした」となっても、コンペでパートナーエージェンシーが決まった後からひっくり返ることはないですから。「東京都知事がマンションの応援広告を新聞に出す」といった企画に負けたことありますが、そんな与太企画を持ってくるエージェンシーに宣伝部が何十億円も払ってたら、社長、どう思います？　もっと酷いパターンとしては、プレゼンを獲得したら、それ以降はプレゼンしたチームとは全く異なる2軍のチームを寄越すとか。

だから、人です。

いろんな事情が降りかかってきてもそのたびに知恵でなんとかくぐり抜け、ベストなカタチに持って行く、そんな力量と熱量あるチームをパートナーに選ぶ広告主が勝つということです。

そして、コンペには多かれ少なかれ必ず何らかの思惑が混ざります。純粋に公正なコンペは珍しく、だいたいは「このエージェンシーとやろう」と初めから決めているものです。それが必ずしも悪いことと僕は思いません。何のリスクヘッジもなくコンペに頼る方が無能、という考え方もあります。もちろん、それを超えてくるサプライズがあれば話は別なので、100%完全なデキレースも少ないですが。僕はそのことをエージェンシーに正直に言っていいと思うんですよね。「これこれこういう理由で○○社に発注しようと思ってるんだけど、ハンデがあることを認識した上で参加してもらえるなら嬉しい」と。エージェンシーからすると「なんで落ちたのか理解できない」ってケース非常に多いです。その理由は常に嘘くさく、「どうもあのクライアントは信用できない」となります。コンペは基本的に公平ではないのだ、ということを明らかにして、そこから正直な付き合いを始めれば不信の種もないままスタートできます。

そんな中で、私企業としてのパートナー選定コンペで最も避けるべきは、部署の狭い思惑で企業全体のパートナーが決まってしまうことです。全部丸投げできて自分がラク、といったエージェンシーが選ばれがちで、それは部署の弱体化にも繋がります。それを避けるためには、コンペには社長自ら参加して、テーブルの向こうの「人」を見てください。「各チームの力量と熱量をどう評価するか」の議論をしてください。

第三章
御社は
「ミドル・ファネル」
作れますか？

この章で述べたいのは**「組織の連携」**についてです。まずはデジタルを活用した新しいPromotion手法についてお話ししますが、マーケティング領域においてデジタルイノベーションが起きている現在、新しいPromotion手法を採り入れる足を引っ張っているのが部署のセクショナリズム、部分最適化です。多くの企業がデジタルイノベーション以前の旧文脈の組織を足し算的に膨らませてきた結果、ドウモナランという競走馬がいましたけどまさしくどうもならん現状を把握してください。

今は死語となりましたが、何十年にも渡り広告業界に超普及していた言葉がありました。「AIDMA」です。Attention, Interest, Desire, Memory, Action の略で、生活者が広告を見てから購入に至るまでの心理・態度変容の流れを表しています。まずは広告で認知してもらい、自分に価値あるものとして興味を持ってもらう。すると欲しくなってきて、記憶に留めるようになる。そして、お店に立ち寄ったりした時に商品を手に取り、購入してくれると。これはWEBというものが広告メディアとして登場する前のもので、要は、マス広告が果たすべき役割として大事なものは、「広く認知を取ること」「強く記憶してもらうこと」であると言っているのです。

前著『急いでデジタルクリエイティブの本当の話をします。』でも書きましたが、「ハイパーリンク」という革命がこのAIDMAを揺さぶることになります。クリックすると異なるサイトに飛ぶ、という今となっては当たり前のことがデジタル広告全ての産みの親となりました。最初に始まったのは検索連動型広告、いわゆる「リスティング」です。たとえばあなたが毛生え薬が欲しいとして、でもどれだけ効果があるのか？　怪しいのに手は出したくないな……でも薬局で聞くのは気恥ずかしいぞ……そうだ、WEBで調べてみよう、コレというのが見つかったら若い頃ターミネーターに重ねてアダルト借りたように胃腸薬とかリステリンに紛れ込ませて買おう、などと思うわけです。Google とか Yahoo! で「毛生え薬」と検索して、商品を紹介しているページで情報を仕入れます。

これは製薬会社からすると、「ハーイ、わし、毛生え薬に興味を持ってまーす」と手を挙げてくれているようなものですから、そのまま放っておくのは愚かというものです。まず、「毛生え薬」というワードを入札で買っておいて、検索してくれたら自社のテキスト付き「ハイパーリンク」が目立つ位置に来るようにします。もしその飛び先が通販サイトなら、購入せずに離脱した人のデータを取っておいて、アドネットワークを使って後からその人に広告表示をしたりします（リターゲティング）。

これは非常に効率のいいやり方でした。「ＣＰＡ」という業界用語がありまして、Cost Per Action あるいは Cost Per Acquisition、購入や申し込みをしてもらうのに一件いくらかかったか、あるいは新規顧客獲得に一人いくらかかったか、というものですが、ＣＰＡは低ければ低いほど良いに決まっている数値で、これが最も低く出るメソッドがリスティングやリターゲティングです。なぜなら、これら以外のメソッドはどこにいるかわからない見込み客（潜在顧客）に認知してもらうという要素が入ってくるので、そこに余分なコストがかかるからです。

電通はもはや「ＡＩＤＭＡ」ではない、これからは「ＡＩＳＡＳ」だ、などと言い出したりしました。Attention, Interest, Search, Action, Share だと。これまでは興味を抱いたら欲しくなる、だったが、これからは興味を抱いたらＷＥＢで調べるのだ。商品の紹介ページ、個人のブログ、掲示板、ＳＮＳ、通販サイトのユーザーレビューなどで。納得したら購入し、ただしそこで終わりではなく、その商品の感想をＷＥＢに書いて Share をする。それがまた Search の元になる、というわけです。

私見では、「ＡＩＤＭＡではなくＡＩＳＡＳ」は言い過ぎだろうと思ってました。僕は時々晩酌のつまみを求めてコンビニに寄りますが、「缶つま」買おうかな……でも缶詰は洗って捨てるのが面倒だとか女房が文句言うんだよな……あ、「Cheeza」って広告で見たことあるな……おれチーズ好きだしちょっと試してみようかな……といったかんじで買ったりします。

「晩酌のつまみ」と検索してCheezaをリスティング上位で見つけるなんてことはなく、そこでは今でも立派にＡＩＤＭＡが生き残っているわけですし、消費財や食品などいわゆるコンビニ・スーパー商品のほとんどはＡＩＤＭＡ商品と言っていいはずです。逆にクルマを買う時はいくつかディーラーを回って試乗します。女性が化粧品を買う時、服を買う時、いろいろ店を回って試すじゃないですか。家を買う時、マンションを買う時、モデルハウスを回りますよね。これ、ＷＥＢを使わないだけで行動としてはSearchですよね。そして買ったものについて口コミでShareします。つまり、ＡＩＳＡＳはずっと前から存在していたのだけど、ＷＥＢにも広がったということです。広告による影響で購入に至る流れは相変わらずＡＩＤＭＡがメインなんだけれども、ＡＩＳＡＳも意識しなければならなくなってきた、というのが正しいところでしょう。

ちなみに昨今はフェイクレビューの蔓延でShareの信用性も怪しくなってきましたね。もしこの本のレビューに「私はこの本を気持ちよく脳で吸った」といった妙な日本語が混ざっていたら僕が中国のフェイクレビュー業者に委託した可能性あります。またプラットフォーマー自身がユーザー評価を操作している疑いがあるとして公取委が調査を始めたりもしています。

そしてこのモヤッとしたモデルにケリをつけるように出て来た考え方が**「ファネル」**です。「AIDMA」の中で広告がやっているのは最初の「A」だけ。広く認知を獲る広告をやりましょうと。「I」以降は生活者がこうしてくれるだろうという期待に過ぎないんですね。「AISAS」では「A」と「S」だけです。広告やって、検索に備えてキーワードを買ってLP(Landing Page 誘引先の販売ページ)を用意しておきましょうねと。つまり、広告がやるべきことと、こうしてくれればいいな〜という期待がゴッチャになっていたわけです。

「ファネル」は、広告がやるべきことだけを整理したものです。生活者はこうしてくれるだろう、という期待をどんどん削ぎ落としていくところ(その形状から「ファネル」と呼ばれています)に情け容赦ない現実味があってリアリズム・フェチの僕はゾクゾクします!

ファネルは**「トップ・ファネル」「ミドル・ファネル」「ボトム・ファネル」**の三層からなります。

TVCMを企画してからWEBをどうするか、
ではなく、ミドル・ファネルを先に企画して、
その中の代表をTVCMにする。

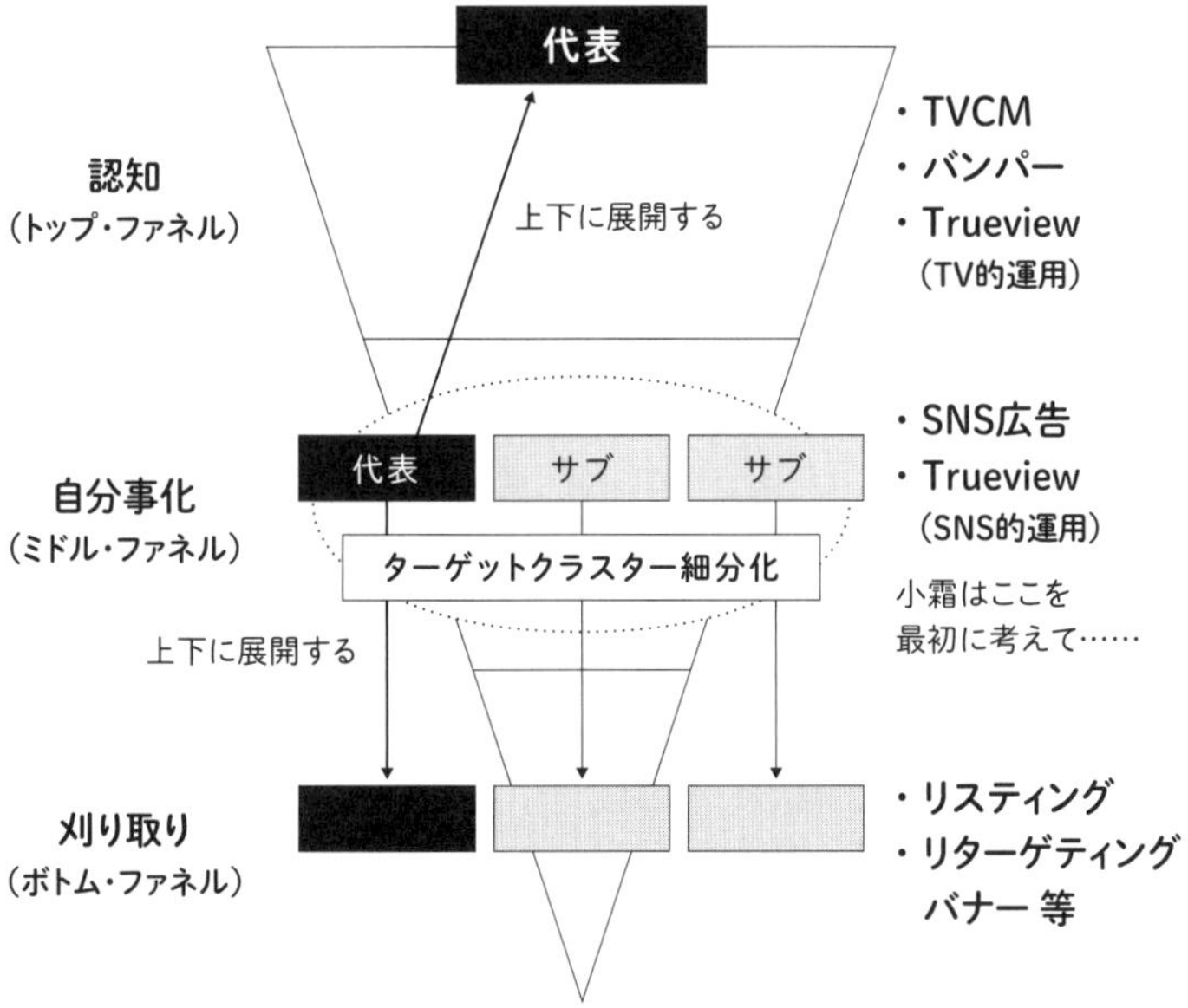

*トップ・ファネルとミドル・ファネルで
クリエイティブを補完関係にすることもある

トップ・ファネルの役割は「いかに広く認知してもらうか」。ここでの主役はＴＶＣＭです。どんだけ多くの人に広告を露出するかを「リーチ」と呼びますが、リーチ効率ではＴＶＣＭがいいので。確かに若い層ほどＴＶを観なくなっている傾向はありますけど、まだまだ強いです。若い層へのリーチ補完や、お手頃ＴＶＣＭ的にTrueViewやバンパーを利用したりもします。

ミドル・ファネルの役割は「いかに自分にとって価値があると理解してもらうか」。いわゆる「自分事化」ですね。ここでの主役はＷＥＢＣＭです。とりわけＳＮＳでのＷＥＢＣＭが効果高いです。僕の昨今の事例ではＴＶＣＭを観た人と比べて、ＷＥＢＣＭを観た人の態度変容度（購入意向など）は5倍弱でした。トップ・ファネルのＴＶＣＭとミドル・ファネルのＷＥＢＣＭを両方観た人は、態度変容度が10倍以上に跳ね上がったりします。

ボトム・ファネルの役割は「刈り取り」です。ここでの主役はリスティングとリタゲバナー。ただ、リタゲバナーの効果はどんどん落ちてきている感があります。トップやミドルでＣＭに当たった人がしばらく時間を置いてから検索するので、リスティング運用でそれを逃がさないようにするのが今のやり方になって来ています。

これらトップ、ミドル、ボトムをきちんと設計するやり方を**「フルファネル化」**と呼びます。これは非常に効果が高いです。全く同じ予算で昨対比150％とか出ますし、ミドル・ファネルの予算を足しただけで昨対比200％とか。

もし社長が営業ご出身なら、「営業ファネル」になぞらえるとわかりやすいかもしれません。以前の営業スタイルはセミナーやWEBサイト来訪などでリードを掴んだら即座に営業さんが電話をかけまくるというものでしたが、今ではファネル化が進んでいますよね。リードジェネレーションとセールスの間に「インサイド・セールス」を入れて、優良顧客の選別をしたり、営業さんが出向く（フィードセールス）前に電話で商品やサービスへの興味付けをしておいたりすることで営業効率を向上させるようになりました。営業ファネル的なやり方でPromotionファネル化をするのだ、とイメージしてもらって構わないように思います。

ちなみにBtoB領域で集客（リードジェネレーション　サイトを訪れた、資料をダウンロードしたなど、見込み客のリスト化）、顧客育成（リードナーチャリング　メルマガ配信他）、顧客選別（リードクオリフィケーション　条件設定による顧客の順位付け、営業への通知）といった一連を可視化・自動化するツールを「マーケティングオートメーション　MA」と呼びます。マーケティングそのものを自動化してくれる魔法のツールではありません。誤解を生みそうな呼び名なのでご注意を。

ミドル・ファネルからつくる

少し話は逸れますが、僕が前著を3年前に上梓した時、WEBCMの視聴質データ（完全視聴率とか）に基づいてオファー（「今ご購入すれば10%オフ」とか）付きリタゲバナーを露出するのが鉄板、と言いました。現時点ではそのやり方がなかなか通用しにくくなっています。

まず、TrueViewのデータをGDN（Google Display Network、Googleのアドネットワーク）に渡せなくなりました。また、Appleが新iOSでリターゲティングに制約をかけるなど、ファネル間のデータの受け渡しが難しくなっているのです。

TrueViewは3年ほど前までは完全視聴率は平均10%程度で、20%以上出ればすごいな、というかんじでした。今は40%ぐらい普通に出るというのは、おそらくですけど、Googleが単に「スキップしない」人にCMが当たりやすくするようアルゴリズムをいじったんじゃないかなと（逆にスキップばかりする人には強制視聴のバンパーばかりが露出されるようになります）。つまり、完全視聴した人＝商品に興味を持っている人という推測がどうも疑わしい。

リタゲバナーの受け皿を用意しないでも、WEBCMからそのままLPに飛んで購入するという人が増えてきました。そのまま飛ばないにしても、しばらく時間を置いて買う、といった行動パターンも増えていて、前述の「鉄板」にこだわる意味もなくなってきたのです（ちなみにこの原稿を書いている時点で、「ファインドキャンペーン」というGoogleのアプリなどに露出する新しいGDNのβ版が始まっていて、それにはTrueViewのデータが引き継げます。Googleっていったい何やりたいんだろう……と思うことよくあります）。

WEBメディアも特色がハッキリするようになってまして、例えばTrueViewだと完全視聴率は40％ぐらい出ますが、SNSだと数％が関の山。ところがTrueViewを観た人はあまり購入には結びつかず、SNSを観た人は割とキッチリ買ってくれるんです（TrueViewにはそのまま購入ページに飛びやすい「for Action」というものが登場しましたが、コンバージョンだけ見るとやはりSNSとの差はあります）。

「フルファネル」が唱えられる時、「KPIを揃えましょう」という言い方をよく聞きます。

これは間違っています。**メディアの特質に合わせて、それぞれKPI（Key Performance Indicator、重要業績評価指標）を設定するのが正解です。**もしKPIを完全視聴率に揃えたとしたら、SNSはTrueViewの10分の1しか貢献していない、などとなってしまいますが、実際の売りに貢献しているのはSNSだったりということがありますので。SNSもそれぞれ見ている層がバラバラで、大人のビジネスマン相手ならFacebook、女性ならInstagram、20代ならツイッター、10代ならTikTok、全体的にLINE、といったところで、ターゲティングのやり方、どの外部データを持ち込めるかも異なります。

あえてKPIを揃えるとしたら「ビュースルーコンバージョン」でしょうか。導線は問わず、そのCMを観てから1ヶ月以内に購入したかどうか、24時間以内にダウンロードしたかどうか、といった指標です。ターゲットが購入に至る導線は様々になってまして、WEBCMをクリックして購入ページに行った、リタゲバナーを見た、後から検索した、そのまま店舗に行った、どれがメインになるかちょっと予測しにくいからです。

ローンチしたらWEBCMからのコンバージョンが高くバナーの効果がないのでバナーをやめた、といったこともあります。つまりは臨機応変に素早く対応することが肝要です。

さらに、これはたぶん僕独自のやり方だと思うのですが、**ミドル・ファネルから先に企画制作する**のです。通常はトップ・ファネルであるTVCMを先に決めて、さてWEBはどうする、という話になります。僕はまずミドル・ファネル用のWEBCMを4バリエーションほど作ります。**バリエーションの持ち方としては、ターゲットの「クラスター」で分けるか商品の「差別性」で分けるか。**

前者はターゲットをクラスター（群れ）に細分化し、各クラスターが反応するようなWEBCMに作り分けるということです。わかりやすい事例としては、日本テレビのドラマで、コメディのようにも見えるし純愛とも言える…というものがあり、ターゲットをコメディ好き、純愛好き、その主役のファン、といったように4つに切りました。そして、それぞれが興味を持つようにWEBCMを編集し分けたのですが、事後調査で実際に番組を観た人の割合はTVCMだけを観た人に比べ大きく伸びていました。これは昔、映画『タイタニック』がヒットした時にプロモ担当者が「これは恋愛映画としてプロモーションしたからうまくいった。パニック映画としてたら大失敗してただろう」という話を聞いて、でもパニック映画好きにパニック映画と見せればもっと人は来たんじゃないか？　と疑問を抱いたところに端を発してます。

人は自分の見たいようにしか物事を見ない性質があります。その人なりの視点を与えてあげれば満足してくれるのです。ただそこには匙加減があって、「騙された」となるとネガな口コミが発生しますから、嘘にならないように広告クリエイティブを調整する技が必要です。僕は過去にゲームＣＭを数百タイプ作ってきましたが、そこでこの技を磨きました。面白さをどのようにどの程度表現すれば嘘にならないギリを攻められるかが、ゲームＣＭのツボだからです。

やる気スイッチグループのスクールＩＥでは前述の通り、調査をしたところ塾に入れるお母さんの喜びは成績が上がることよりも「勉強しろ」とガミガミ言わなくても自主的にやってくれることだとわかりました。ガミガミ言うイヤな自分からの解放、ということです。ただ、お母さんのタイプもいろいろだろうということで、さらに４つのクラスターに分け、それぞれに刺さるようなＷＥＢＣＭを作りました。


後者の「差別性」で分けるというのは、同じ商品で訴求すべきポイントがいくつかある場合、それらを表現し分けるということです。釣りに喩えれば、クラスター分けが同じエサで複数の漁場に釣り糸を垂らすのだとすれば、差別性分けは同じ漁場でエサ違いの釣り糸を複数垂らすようなものです。

たとえばイーデザイン損保ではイーデザイン損保しかしていないサービスとして「弁護士費

用の補償を全ての契約に付けている」というものがあります。他に「等級が上限に達してもさらに独自の割引」「日常の健康を支えるメディカルコールサービス」「事故現場でお任せできる急行サービス」など、これらを訴求ポイント別に複数バリエーション作りました。相乗効果でほとんど全てのスコアが上昇しました。織田裕二さんなどのビッグタレントと契約しているとついタレントパワーだけに頼りがちですが、そこからさらに精密なコミュニケーション設計までしなければいけないのです。

積水ハウスは「住まいの参観日」という、展示場ではない実際に建てた家を入居前に見に行けるサービスを全国展開しています。実際の家から、自分が建てる時のヒントを持ち帰ってもらおうというものです。WEBCMを作るに当たって、具体的にこんなヒント、というものをいくつか提示するのがいいだろうということで、「家族が自然に集まるリビングとは」「実際より広く感じられる部屋作りとは」「キッチンをスッキリさせるための作りとは」「コンパクトな敷地の活用法とは」といったふうに作り分けました。そして、それらの中から最もマスに響きそうなもの、あるいは総論的なものをTVCMに「格上げ」したんです。この本を書いている最中にコミュニケーション結果の報告が上がって来ましたが、これもまた従来のやり方ではあり得ない数字が出ています。

僕は自分の主宰している広告学校で「差別性（Unique Selling Proposition）は一つに絞ること」と教えて来ましたが、このセオリーも旧マス文脈のものであることは否めず、見直さざるを得なくなっている感があります。

これまでのやり方でＴＶＣＭを先に作ってしまうと、ＷＥＢＣＭはその後から作ることになり、タレントがＴＶだけでＷＥＢはノンタレ、とかぎこちないことになります。また、制作費も純増です。僕のやり方ですとＴＶもＷＥＢも同じタレント、同じクリエイティブで一貫でき、予算も全体でＴＶＣＭ１本分と大きく変わりません。バリエーション数がだいたい４つなのは、企画にもよりますが、１日で撮れるパターンが４つ程度だからです。ＣＭの制作費は本数よりも日数が大きいのです。それと、ＷＥＢの運用上もだいたい４バリエーション程度が回しやすいからです。

外してならないファネルだけが外れてる

こないだNetflixのオリジナルドキュメンタリー『The Great Hack』を観て驚いたのですが、2016年の大統領選挙でトランプ陣営は有権者の中で支持する候補者を変えやすい層を「説得可能者」と呼び、さらに彼らを属性でセグメントし、それぞれ共感しやすい動画を出し分けてたんですね。図らずして僕のと近いやり方をしていたわけです。ミドル・ファネルの露出量はトランプ陣営が590万回、ヒラリー陣営は6万6千回。そのデータをどこから持って来たかがスキャンダルの元になっているのですが、映画ではミドル・ファネルが米大統領を決めたという結論になっています。

クラスター分類という考え方が今後ますます重要になるのは間違いないです。社会が「多様性」に突き進んでいることがまず大きい。昔は自分の個性を殺して皆に合わせるのが常識で、たとえばオタクは「変な人」扱いされてましたけども、今ではオタクはむしろイケてる存在で、女性でカミングアウトする人も多いです。『トクサツガガガ』みたいに自分の趣味を周囲に隠す人ってもう少ないんじゃないかなあ。「所有から利用へ」とか言いますけども、じゃあオタクがフィギュアをシェアするかというとそんなわけがなく、大きな傾向がある中でその傾向に収まらないクラスターがたくさんあることを認識しなければいけません。それにこれからは外国人が増えます。だって移民に労働力を求めないと国がもうやっていけませんから。なので、その人たちが大事にしている価値観によって細かくクラスター分類してアプローチするやり方がPromotionのメインストリームになっていくのは必然なのです。

ミドル・ファネルが重要な理由はもう一つありまして、**フルファネル化しなくとも、ミドル・ファネルだけでもトップ・ファネル、ボトム・ファネルの役割をある程度兼ねてくれる**のです。WEBで流れる動画は、ユーチューバー動画など見るからにWEB用というのが多いですし、昨今は「60秒10万円」的な割安動画もありますが、ブランドとしてはチープに見えます（チープに見えていい場合もありますが）。しかしTVCMクオリティで作ると、観る人は勝手に「TVCMをWEBで流してるんだな」と思い込んでくれるんです。つまりTVが与える「メジャー感」をスマホで作れるわけですね。WEBはTVに比べてリーチ力はまだまだ劣りますけども、特定のクラスターだけにアプローチするならＷＥＢＣＭの方が効率はいいです。また、コンバージョンもリタゲバナーよりＳＮＳで流すＷＥＢＣＭの方がスコアが良いことすらあります。なので、ファネル全体の中でミドル・ファネルだけは外してはいけないのです。現状、ミドル・ファネルだけが外れてる場合がほとんどなのですが……。

ミドル・ファネルの重要性に目を付けて、「ミドル・ファネルの成功事例」と銘打った記事をチラホラ目にするようになりました。しかしそれはよく読むと、後からくっつけただけなんですよね。つまりＴＶＣＭができた後で、デジタルマーケティング部が後からＷＥＢＣＭを外部発注して制作、配信するわけですが、これはとても非合理的で僕のやり方とは異なるものと思ってほしいです。フルファネルは一気呵成に作らないと、ＴＶはタレントモノでＷＥＢはノンタレとか、ＷＥＢは低予算でやたらチープになったりとか、歪なものになりますので。新しいメソッドは正しい用法を知らずに使うと火傷します。実際、僕はティファァールを適当に使って火傷したことあります。

今はまだデータ量の上限などを気にして非 Wi-Fi 環境での動画閲覧をためらう人いると思う

のですが、5G環境になればその心理的制約も大きく緩和され、WEBCMのリーチ力はさらに広がるでしょう。この、**明らかに成果に繋がるとわかっている「ミドル・ファネルを中心としたフルファネル化」ですが、実際にやっている広告主はほとんどありません。その大きな理由は、これは大きな広告主ほどそうなのですが、ミドル・ファネルを扱う部署がないからです。**トップ・ファネルは宣伝部あるいはマーケティング部の領域で、ボトム・ファネルはデジタルマーケティング部の領域です（中堅企業、中小企業はここが分かれてないので妙なセクショナリズムに足を引っ張られることなく、全体のコミュニケーション設計がしやすいです）。宣伝部、マーケティング部はコンテンツを作る能力はあるもののWEB運用の知識に欠けます。デジマ部はその逆で、WEB運用には長けているもののコンテンツ企画力に劣ります（プロダクションにバズ動画を丸投げして炎上させたりします）。ミドル・ファネルを作るためには、宣伝部、マーケティング部のコンテンツ力とデジマ部の運用力が両輪にならないといけないんです。

ところがだいたいの場合、この2者は旧日本陸海軍かと思うぐらいいがみ合って、全体で戦いに勝つという一つの目標を共有しないんですよ。ガ島の輸送船団沈めに行ったのに巡洋艦沈めて喜んでてどうすんだと。上陸した部隊全滅しちゃったじゃんと。ちょっとわかる人にはわかるだろうマニアックな話に逸れてしまいましたが、これじゃあ戦争に負けて当たり前。

たまに業界サイトの記事で「マス・デジの組織を統合しました」とか見ることあります。でも実際に覗いてみるとでもない、互いに口も聞かないぐらいさらに溝ができている、というのが実態です。デジタル系の人たちはマス系の人たちをどこか馬鹿にしてるんですよ。マスは数値化できない＝事業に貢献してるかわからない、と。彼らは社内のコストセンターで、自分たちこそプロフィットセンターだと。当然マス系の人たちはずっと宣伝をやってきた自負もあるし、反発します。それで「ブランディング」という言葉に逃げ込みがちなんです。ブランディングという言葉の使い方を全く間違えているんですが、自分たちは即刈り取りではなく生活者に商品を好きになってもらったり理解してもらったりするのが役割なのだからそもそも数値化できないし、しなくていいのだと。前々著に書きましたが、ブランドとは気持ちのいい体験です。心に焼き印することをブランディングというのです。マーケティングで顧客創造した後で（あるいは創造しながら）ロイヤルカスタマー化する活動で、商品なら使うまで、飲料なら飲むまでがブランディング活動なのです。「マクドナルド」と聞くと店舗でハンバーガー食べてるシーンが頭に浮かぶでしょう？　使ってるとか食べてるシーンが心に刻まれてるんです。

そして、それを思い出すスイッチがブランドロゴ、という関係。よくブランディングとは「らしさ」を作ることだ、とか言われたりもしますが、それはそうでしょう。でもそれだけがブランディング活動ではないということです。ファストフードなら店舗を増やして体験客を増やすのが最も大事なブランディング活動、そこでの接客や店舗設計で気持ちいい記憶を作ってもらうのもブランディング活動、Promotionはそこへ誘導するきっかけ作りです。だからブランディング活動を宣伝部が請け負うという発想がそもそもヘンテコなんです。

トップ、ミドルのクリエイティブを寸断させない

それから、ひとつ重要なこととして認識していただきたいのは、フルファネルでコミュニケーションする時、**トップ・ファネルとミドル・ファネルはできる限りクリエイティブも補完関係であるのが望ましい**ってことです。TVCMは認知獲得のために、ただ商品名を残せば良し、と思いっきり割り切り、WEBCMはリアルの日常で商品を使うとどんなベネフィットがある

かを親身に描く、という作り分けが常識化していくでしょう。

たとえば人材サービス系のCMで言えば「ビズリーチ」と「ヒューマントラスト」は好対照です。ビズリーチはTVCM一本でベネフィットの理解までさせようとしています。僕はそういう観点ではとてもよくできていると思っています。ヒューマントラストのTVCMはただ社名を連呼しているだけで価値が全くわかりません。ただ、もしTVCMは認知だけに振り切って、ミドル・ファネルのWEBCMで価値が伝わる設計になっていればそれは素晴らしいし先進的です。現状のWEBCMは認知のバリエーション、つまりミドル・ファネルを作っているようでトップ・ファネルを厚くしているだけなので残念ですが（ほとんどの企業のコミュニケーション設計がそうなってますのでご安心を。ご安心を、ていうのも違う気がしますが……）。

先ほどTrueViewはコンバージョンしにくいと言いましたが、認知CMを先行させておいてコンバージョン狙いに特化したインフォマーシャル的CMを追加配信すれば、刈り取りに繋がります。これもクリエイティブの補完関係と言えます。

いずれファネルによるクリエイティブの補完関係は当たり前になっていくでしょう。CM一本採り上げて強いとか弱いとか評価すること自体意味をなさなくなりますし、そこで評価することはむしろ害となります。時代と共に「良い商品」が変わっていくように、「良いクリエイティブ」も変わるのです。広告賞も全体のコミュニケーション構造で評価しなければならず、それができない賞は存在してはならないと思います。僕はもう20年ぐらい前から賞の審査員は辞退し続けてますが、広告表現をひとつ採り上げて評価するなんてナンセンスな時代になっていくと感じていたのが理由のひとつです。

ただこれも、進みが遅い原因として広告主のリテラシーの問題だけでなく、各ファネルのCMを作る組織の寸断が大きいと思っています。ここをどうにかした広告主だけがフルファネルの果実を享受できるのです。

またしても話が逸れますが、僕が広告主とアドバイザリー契約し、中に入って最初にやることは**マーケティング用語の共通化**だったりします。成果を出すために重要なものは実行の「精度」です。用語が組織の中でふんわり曖昧なままだと、当然やることの精度も落ちてしまうからです。「ペルソナとクラスターは違うんだ」「ネイティブアドとタイアップ広告は違うんだ」「ナーチャリングと引き上げは違うんだ」etc.……。

えっ、それぞれの違いを教えろ？　仕方ないですねえ……。

たとえばよくある混同として、ペルソナってのはターゲットのイメージ像なんですが、「34歳、幼稚園児の息子を育てながら保険会社で働くママ。化粧品にもっとお金をかけたいと思っているが節約している。情報源はママ友。云々…」といった。これはもともとマイクロソフトが考えついたと言われてるんですが、企業が大きくなると、部署によってターゲットのイメージが異なってくる。そのブレがないように細かいところまで実際に存在するように人物像を作って共有しようってこと。一方クラスターというのは直訳すると「群れ」ですが、ターゲットをデモグラや属性、趣味嗜好などでさらに細分化したものを指します。たとえば「毎朝時間がなくてバタバタしている女性」がターゲットとすると、バタバタするにも理由があるはずで、「子どもに手がかかる」「メイクが決まらない」「コーデで悩んでしまう」とか。WEBCMの冒頭に「子育てママの朝はバタバタ！　そんなあなたに…」などというメッセージを置けば、あ、あたしのことだ、と自分にとって価値ある情報かなと観てもらえる割合が高まるということです。ちなみにこれは花王エッセンシャルでやった例なんですが。クラスターはファネル設計に欠かせないものですが、ペルソナと混同されていることが多いのです。「カレーの添え物はラッキョウ派」なんてどうでもいいんです（ココイチのマーケティングには意味あるかもしれませんが）。クラスター分けでそんな無駄とも言える作業をしてしまっていることはよくあります。それ以外の用語はご自分でググってください。

ホント企業によって用語の定義がバラバラで、けっこう間違ってるんですよ。そこに中途入社の人が入ってきたら、同じ用語を違う意味で使うことになるのでコミュニケーションロスが起きます。トップが報告を見て「わけわからん」になる一因なんですよね。

そしてもっとタチが悪いのが、わかっていて自分の利益誘導のために勝手な定義付けをする人が出るということです。

僕はこの「利益誘導のための都合良い用語の定義付け」の根っこには企業内での説明責任の重視化があると思っています。「説明責任」は英語ではアカウンタビリティで、カウント（＝可視化）できるようにせよ、というニュアンスが含まれます。デジタルは運用主体、いわば理屈の世界なので説明しやすいんです。一方、マスはクリエイティブ主体、いわば感性の世界なので説明しにくいんです。だから自部署の利益に沿うように用語を定義付けちゃうんでしょう。単に可視化できる部分だけを見て説明責任を問うていくとデジタル系に軍配が上がってしまうので、トップはここの評価が公平となるよう配慮しないといけません。

マス部署、デジタル部署の連携はエージェンシーにどうにかできるものではありません。宣伝部、マーケティング部は総合系（電通とか）とやっていて、デジマはデジタル系（サイバーエージェントとか）とやっていたりして、エージェンシーはどっちか片方しか担えない場合が多いからです。広告主のどちらかが「これではいけない」と課題意識を持って歩み寄ろうとする時にサポートを頼まれることありますが、必ずケンカ別れします。それはもう、必ずです。このあたりの理由は前著でも触れましたが、全く状況に変化は見られません。一段上のレイヤーのトップからのご依頼でないと現実的にうまくいかないのです。僕のクライアントにはマス部署・デジタル部署が仲良く連携している広告主もありますが、非常に稀で、幸運な企業だなあ…という印象です。もちろんその方が数倍やりやすいですし、成果も確実に出ます。

ご自分の会社のPromotion組織が健全に機能しているかどうかを知る簡単な質問は、

「うちのコミュニケーション設計でミドル・ファネルはどうなってる？」

です。

ぜひ宣伝部長なりマーケティング部長なりに問うてみてください。「宣伝部がＴＶＣＭと一緒にＷＥＢＣＭのコンテンツを作り、それをデジマが運用してます」などといった答が返ってきたら健全です。「TVCMをWEBで流すようにしてます」「デジマが独自でコンテンツ作ってます」「ミドル・ファネルって何ですか?・」といった答が返ってきたら、組織として機能不全に陥っていると見做しても良いでしょう。「ボーっと生きてんじゃねーよ!」と5歳の子に代わって叱ってあげてください。

社長は「トータルCPA」を見る

ここで少し、**Promotionの予算**について触れます。不景気になるとまず削られるのが広告費、とよく言われますよね。僕は若い頃からこれが不思議で不思議でたまりませんでした。だって、広告費は商品を売るためのものなのだから、不景気な時ほど広告費を増やすべきでしょう。

どんな商品やサービスにも「ベースライン」というものがあります。これは、Promotion の影響なく売れる割合です。分析してみないとわからないものですが、これが90%なら広告費はかなりムダ打ちしていることになりますし、10%なら大いに広告に依存していることになります。僕の経験値ではカテゴリーによって異なりますが40〜60%ぐらいが通常でしょうか。不景気というのは、このベースラインが下がることを指します。放っとくと売れなくなるのが不景気なので。だから、理屈で言えば失ったベースラインをPromotionで取り戻さないといけないのに、逆のことをしているわけです。

ではなぜそんなことになるかというと、経営目線に立った時、広告予算というものへの不信感が大きいからですよね。

「ホントに効いてるのか?」

と。

セブン&アイ・ホールディングスが人手不足問題やセブンペイ問題を乗り越えて2019年3〜8月期の連結営業利益を確保した理由の一つとして、「広告宣伝費を絞った」と報道されていましたが、それって広告が利益にさほど貢献していなかったってことですよね。Promotion費を不景気やアクシデント時のバッファーと見做している企業は、精度の高い貢献度分析なく使っているんじゃないでしょうか。過去にTVCMを中心とするマス広告はその貢献度が可視化できなかった、ということも大きいでしょう。その時期に出来上がったやり方を今もズルズルと引きずっているわけです。

でも僕は、そもそもの問題として、経営視点で広告予算というものについての「考え方」が存在しない、ということが大きいと感じています。御社の広告予算はどのように算出していますか？　なんとなく売上げ全体の○%かな…とか、なんとなく毎年○億円なので…とか、「なんとなく」ではないですか？　ボールペン1本買うにも申告しなければいけない企業が、広告となると野放図にハイ1千万円ね、ハイ1億ね、ハイ10億ね、と「なんとなく」垂れ流していいわけはありません。

経営者としてまず見るべき指標は、CPAです。

事業を極力リスクなく成長させるための広告の鉄則は、
「CPAの低いところから獲っていく」
です。

CPAにはCost Per Action（購買などの1アクションにいくらかかったか）、Cost Per Acquisition（新規顧客1人獲得にいくらかかったか）の2つの意味がありますが、どちらにしても、獲りやすい層から広告予算を投じていきましょう。つまり、ファネルで言えばボトム・ファネルから始めてトップ・ファネルに上がっていくということです。これは「リーン・スタートアップ」の発想に似てますね。いきなりドーンじゃなく、まずは必要最小限のことから始めて、仮説検証を重ねながら事業をギアアップしていくという。

仮に「イタイトンデーク」という新しい頭痛薬を発売するなら（僕は小林製薬の商品大好きです）、まず獲るべきはその商品名を検索したり商品ページを訪れた人たちです。記事やネット情報などでこの商品のことを知って興味を持っていると推測できるからです。彼らに対して広告バナーを露出するなどして購入に誘導するのが最もお金をかけずに新規顧客をつかまえ、売上げを作るやり方です。

ただし、そこだけに甘んじているといずれマーケット拡大は頭打ちになります。踊り場から抜けるには、その次にＣＰＡの低い層に対してアプローチすることになります。それは「イタイトンデーク」のことは知らない、あるいはあまり興味がないけども、頭痛に悩まされている人たちです。頭痛に悩んでいる人たちをターゲットとして、ＷＥＢＣＭなどで「イタイトンデーク」がその解決になるのだ、というメッセージを発信し、購買に導きます。

これを続けても拡大が止まったらどうするか？　ノン・ターゲティングです。「イタトンデーク」を求めている人たちの多くは、デジタルのターゲティングでは捕捉しきれません。なので、ムダ打ちが多く発生すること承知の上で、ＴＶＣＭなどで広くアプローチします。そうすると潜在ターゲットが掘り起こされるわけです。

商品、あるいは事業の成長とＲＯＩ（費用対効果）は基本的にはバーター関係にあります。新しい顧客をどんどん見つけようとすると、どんどんコストがかかることになります。そして、社長は**「トータルＣＰＡ」**を見てください。基本的に最もＣＰＡの低いのはボトム・ファネルのＳＥＯやリスティング、リターゲティングです。基本的に最もＣＰＡの高いのはトップ・ファネルのＴＶＣＭです。これらは連動しています。ＴＶＣＭを露出することでリスティングから流入するという導線が作れますので。それらの予算配分を最適化し、全体のＣＰＡがいくらになっているかを見てほしいのです。

そしてこのように顕在顧客から潜在顧客まで数段階を経て取り込んでいくと、どこかで**「これ以上トータルＣＰＡを増やすわけにはいかない」という限界値に達します。**マーケット拡大という意味においては、そこが広告予算の限界ということになります。**そこから先は、新規顧**

客獲得ではなく、顧客のアクティブ化のステージに移ります。商品を買ってもらう頻度を上げる、アップセル・クロスセルで利益率の高い商品やオプション商品を買ってもらう、などなど一人の顧客からどれだけ収益を上げるか（ＬＴＶ）という、ロイヤルカスタマーに対してのコミュニケーションを大事にしていくこととなります。今後は、企業間クロスセルも始まるでしょう。現状はカスタマーサービスがコンシェルジュ的にやっているぐらいですが、顧客接点のデジタル化、ＩｏＣの抽出によって押し売りを感じさせないカタチで送客し合えるはずです。

もちろん、この考え方が全てのケースに当てはまるわけではありません。スマホゲームは以前はＷＥＢでじっくりユーザーを取り込んで、限界に達するとＴＶＣＭ、というやり方が一般的でしたが、昨今は立ち上げからある程度の数のユーザーを確保するため、最初からフルファネルで大きな Promotion 投資をするケースが増えています。自ら店舗を持たない場合は、コンビニやスーパーの「棚」を確保するために流通バイヤーとの交渉材料としてＴＶＣＭを出稿せざるを得ないとか、すぐに大量生産に入ってコストダウンを図らないと価格戦略で行き詰まる場合とか、ＣＰＡはいったん置いといて、ということも多いです。でも、だからといって外部要因による「なんとなく」で予算を決め、ムダ打ちを垂れ流していて許される時代ではありません。常に「トータルCPA」は念頭に置くべきです。

これまで、デジタル以外のメディア、TVCMや新聞広告、OOH、チラシ、営業活動、といったものは売上げへの貢献度が可視化できませんでした。なので「なんとなく」にせざるを得ないという事情もありました。しかし今は重回帰分析など統計学的手法で全体のメディア貢献度が廉価に約8割の精度で分析、最適化シミュレーションすることができます（ご紹介します）。

全体最適のためのツールはいろいろありますが、あまり企業内で導入・推進が広がっていない大きな理由として部分最適にこだわる人たちによる抵抗もあります。彼らにとって「不都合な真実」になり得るからです。このように見ていっても、やはりマーケティングはもはや部門の部分最適では追いつかず、トップが企業全体最適、提携企業グループ全体最適を講じなければならないのは明白と感じます。

「予算削減」と「予算低減」は意味が全く違う、という話を聞いたことがあります。予算削減は短期での利益確保のために経費をバッサリ削ること。予算低減は中長期の安定成長に寄与する経費が何かを見直すこと。言うまでもなく大事なのは前者よりも後者です。そしてこれは経営視点では当たり前のことかもしれませんが、広告業界には全くと言っていいほど根付いていないのです。

誤解してほしくないのですが、ＴＶなどのマスをやめてデジタルシフトしよう、と安直なことを言っているわけではないですよ。ＴＶはこれから広告メディアとして伸びしろあると思ってます。radiko（ネットで聴くラジオ）ではＷＥＢのように視聴者をクラスター分けして広告を出し分ける、ということが始まっています。ＴＶもネットに結線している受像器なら技術的にはもう可能だと思います。日本テレビはＣＭ枠の入札による売買を少しずつ始めました。これらが組み合って、さらにネット同時配信でＴＶ番組がスマホに進出すれば、広いリーチとターゲティングを併せ持つ最強メディアになるかもしれません。

それから、予算はできるだけ流動化させてほしいです。日本はすごく変な国で、予算を多く使う人が評価されます。僕の家の前は道が細くてクルマで30㎞／ｈも出せません。それなのに舗装してあるってどうなのと。アスファルトで都市部の道を埋めつくしたことで水はけが悪くなり、河川氾濫に対して脆弱になったという話もあります。30㎞／ｈ以下の道はむしろスピード出せない方がいいわけで、舗装したところで何のいいこともないんじゃないでしょうか？借金大国とか言いますが、セクショナリズムで我も我もと予算ばかり獲りに行くからそうなるんじゃないですかねえ。予算使わない人が評価されるようにしたらイッパツで解決するように思うのですが。広告もそういうところがあって、よくあるのが3月とか期末になると予算消化でやたら金をかけたCMを作るとか。

そもそも、先に予算を決めてから目標値を決めるという順番がヘンテコではないですか。事業の成功のためにはKPIをこの数値まで持って行かなければ、というラインは必ずあるはずでしょう？ そのラインに対して予算が少なければ増やす、多過ぎれば削る、がまっとうな考え方では。これまでは各施策の貢献度が分析できなかったので、先に予算ありきでした。でもそのやり方はとっくに賞味期限切れてます。いや、消費期限切れ（賞味期限切れはまだ食える！）。今は目標値からの逆算でどれだけの予算が必要かシミュレーションできるようになってます。これを最初に決めたらテコでも動かさないではなく、**できれば動的に、社長が「トータルCPA」を見てこれ以上予算かけても意味ないなと思ったら減らして他部署に持って行けばいいし、まだマーケット拡大できるなと思えば他部署から予算を持って来るなりすればいいと思うんです。**足りなくてもどうしようもない、無駄だけど使ってしまう、これが広告予算の現状です。これを変えて最適化できるのはやはり社長だと思います。

ところで会社の予算の中に「ポリシーコスト」というものがあります。企業活動維持のために必然的に発生する「オペレーティングコスト」とは分けて考えられ、必然性は見えにくくとも経営者の様々な自己判断で使ってもよいものになります。WEBCMを「1回だけ」BSで流せないか、といった相談を広告主にするクリエイターはよくいます。たとえ1回であってもTVで流れた実績があればACCなどのTVCM系広告賞に応募できるからです。こういったコストは、必然性はなくとも全く無意味とは言い切れません。もしそれで賞が獲れたならそのクリエイターの広告主へのロイヤリティは増すでしょう。創業者が「故郷に錦を飾る」ではないですが、成功の証として週に1回だけ番組枠でTVCMを流す、といったことも多いです。でもそれでトップのモチベーションが上がるのなら意味はあると言えるでしょう。社員の子どもたちに向けて、お父さんお母さんがメジャーな会社で働いているんだと誇りを感じてもらうとTVCMを打つ会社もあります。

TBSドラマ『ノーサイド・ゲーム』の最終回で名言出ましたね。ラグビーチームの応援をしている社長が彼らの奮闘ぶりに「自分たちが応援されているようだ」と。社会人スポーツも社内の気持ちを一体化させるのに役立つと思いますが、これのROIを分析するのは困難でしょう。これらは企業の成長にダイレクトに寄与するとは思えませんが、僕は全く否定しません。やってはいけないのは、味噌も糞も一緒にしてしまうことです。これまでのPromotionへのお金のかけ方は、いわば全てがROIが曖昧なままの、部長決裁のポリシーコストだったとも言えるでしょう。Promotionは曖昧さがまかり通りやすい領域だからこそ、聖域化しやすいんです。しかし、聖域化を防ぐために予算を取り上げて事業部に移管すると、宣伝部は購買部として形骸化します。Promotion全ての貢献度を可視化して、これはオペレーティングコスト、これはポリシーコスト、とはっきり区別すればいいのだと思います。

部門「間」がますます重要に

マス広告時代、コミュニケーション効果の最適化は、コンテンツの最適化とほぼイコールでした。つまり「出すところ」は決まっているので、後はターゲットに刺さって態度変容に繋がるクリエイティブを作れるか否か。ところがフルファネルというやり方が出て来ると、それに加え、どれだけ効率良くターゲットにアプローチできるかという、メディア活用の最適化もしなければなりません。僕はコンテンツの最適化（多メディア対応の多バリエーションコンテンツをどれだけ低予算で企画制作するかも含め）とメディア活用の最適化（どのメディアにどれだけ予算配分するかも含め）を2軸とした時の総面積が広告コミュニケーション全体の最適化であると思っています。

これを実行するにはWEBは当然として、TVCMからチラシまでターゲットへのあらゆるコンタクトポイントがどれだけ態度変容に直接的・間接的に寄与しているかを分析し、再現度高くシミュレーションすることが必要ですが、そこまで徹底してやっているエージェンシーは「ない」と言えます。先述しているような新しいコミュニケーション設計の果実を広告主に提供できているのは自分以外に知りません。やってる方いらしたらジャンピング土下座します！

では、なぜ僕は上記のようなやり方を可能にするのか？　社長の威光です。僕はトップから依頼を受けて広告主のアドバイザーとして入ります。そして、ホットラインで連絡を取りながが

広告コミュニケーションの
「最適化」とは、

コンテンツの最適化

・認知から態度変容
に至らせる
クリエイティブ力

・メディアごとの
コンテンツ最適化と
制作費圧縮のバランス

etc.

メディアの最適化

・無駄なくターゲットに届ける全体予算最適配分

・多様化するメディア特性を捉えた最適活用

etc.

市場環境・ターゲット属性を
読み解いた正しいストラテジー
に基づきながら

ら、全体の調整をするんです。そうじゃないとフル・ファネルを一気に設計するのは無理です。もう少し小ぶりな広告主ですと、ひとつのマーケティング部がマスもデジタルも両方見ていたりします。ただ予算が少ないので、トップ・ファネルとミドル・ファネルのどっちかに加えてリスティング、というふうになりがちなんですよね。

この章で僕が言いたいことは、**マーケティングは組織が新しいマーケティングを担えるカタチになってなければできない**ってことです。たとえそれがPromotion領域に限られたとしても。企業は経済合理性に基づいて活動するのが大原則のはずですが、組織内の動きは人と人の関係性やそれぞれの勝手な思惑に基づくことが多いですよね。従業員の利益と企業の利益が相反することは往々にしてあり、その場合従業員が選ぶのはほぼ必ず自分の利益です。部門ごとの部分最適に躍起になりながら横との軋轢を避けることが優先順位1位になるのですが、そうなると稟議書・根回しに膨大な時間がかかるのでビジネスのスピードが遅くなり、独自性あるアイデアは最大公約数化していって力を失う。全員納得のアイデアは誰でもできるものなのですぐ競合に真似されてコモディティ化に陥っていく。現在の大企業のマーケティング活動も、これと同じです。そしてマーケティングというちょっと捉えどころのない領域ほどそのバイアスがかかりやすいのです。

そこで**大事なのは、部門長が気にすべきポイントを部門「内」ではなく、部門「間」に変えること**です。たとえば「部門間連携度」のような人事評価指標を設けてもいいんじゃないでしょうか。ハーバード・ビジネススクールの調査などで、個人のパフォーマンスはその人の能力よりも協働する人との良好な関係性が大きく寄与していることがわかっています。どの企業でも、低迷期に入っていると「自分の部署は悪くない」表明をどうするか、ばかりに意識が行きがちですが、部署同士で張り合って、自分の部署だけ好成績を上げたい、という意識ではもうやっていけません。うまく連携を取れる人こそを評価すべき。現代戦は連携が全てですから。

時価総額が1割にまで落ちてしまったノキアがV字回復したきっかけは、それまで部分最適に陥っていた部署間の「信頼関係」を取り戻し、全体最適を意識付けすることだったそうです。ラグビー日本代表も「ONE TEAM」と言ってるではないですか。流行語大賞ですよ。

人間にはカテゴライズできる能力がありますが、どうもカテゴライズしたがる本能もあるようで、動物を大きく「犬」と分類したらさらに「テリア」と分類するように、組織も分類するほどいいと感じがちなんですが、逆です。「同じ釜のメシを食う」じゃないですが、人間は自分が属すグループを味方、他のグループを敵と錯覚します。そこにシャーデンフロイデ（心理学用語の嫉妬心）が加わって、全体を見られる人がどんどん減ってます。僕はあらゆるレベルの人とお付き合いしますが、「あいつは電通側か博報堂側か」みたいな眼でしか見ない人ホントに多くて困ります。どっちの側でもないけど少なくともアンタの側じゃねーよ！

組織の分類は最小限に。そして、分類したら連携して勝つカルチャーをどう作るか。これも社長の大事な役割です。

前掲のサイトコア社の調査では、シニアマーケターの85％はデジタルコンテンツのパーソナライズ（自分事化と捉えてもいいでしょう）が重要な差別化・優位性になると回答しているにもかかわらず、初歩的なレベルを超えたパーソナライズを実現をしているのは、その中の23％とのことです。

「リバース・イノベーション」で有名なダートマス大学のビジャイ・ゴビンダラジャン教授は、戦略的イノベーションの実現には「忘却」「借用」「学習」のできる組織でなければならないと唱えています。

「忘却」とは、新しいことを始めるに当たって企業は従来の戦略とマネジメントのやり方をいったん忘れなくてはならないってことです。

「借用」とは、忘却の足かせにならない程度に既存事業部門の資産をうまく使って、競合への優位性を保とうということです。

「学習」とは、仮説と不確実性の存在確認、要はＰＤＣＡを回しながら正しいやり方を見つけていくってことです。

僕が見るに、**日本のマーケティングは「借用」と「学習」は進んでいても「忘却」で躓いている**気がします。ダラジャンは、「新規事業が自分たちのビジネスとカニバリゼーションを生む」とか「自分たちが大事にされていない」「自分たちが築き上げた資源が浪費・棄損される」といった警戒心を持つ人々が新規事業チームとの間に軋轢を起こしやすい、と言っていますが、まさにマス系とデジタル系の関係ですよね。それらの人々が円滑な協力関係を構築できるようマネジメントすることが経営者の役割でもある、とも言っています。何かで読んだのですが、地動説が信じられるようになった時期は、天動説を信じる人が全員死んでしまった時期であると。『インベスターZ』だったかな…。旧いマーケティング、旧いPromotionのやり方に固執する人たちが引退するのを待っている間はありません。ラーニングとアンラーニング（学習棄却）のサイクルをいかに回すかが肝要ですが、アンラーニングは既存の成功体験を疑問視・批判することにもなりますので、これもトップじゃないとなかなか手を付けられません。

冒頭から語っている通り、マーケティングを経営の柱の一本とするためにはそれにふさわしい組織が必要です。ところが往々にして、「ハコ」だけ。いわば「エンジンのないバス」になってしまうんです。僕は若いCMプランナーと仕事する時、「コンテ割り」をさせません。まず紙にいくつかカットの枠を書くことから始める人多いんですが、カタチを作るとどこか「できた」気がしてしまうんです。それで中身はスッカスカのアイデアのないCM企画のできあり。なので「コンテにするな」って言うこと多いですね。僕はプレゼン作業で提案書を書くのは前日です。早めに書くと生煮えのままで固まっちゃうんですよね。ちなみに本を書く時もそうですよ。ビジネス本って（たとえ著者がコピーライターであっても！）実際に文字にするのは編集者であることがほとんどだそうなんですが、僕は自分で書きます。でもギリまで書かない。「出そう」となってから頭の中で何ヶ月もボンヤリ考えるので編集者はヤキモキするでしょうね。入稿の直前に一気に書き上げるかんじです。

クリエイティブの場合、カタチよりも大事なのはアイデア。中核となるアイデアを若い人が出してくれれば、そこからカタチにするのなんてたやすいことです。組織の場合、大事なのは

「駆動力」じゃないでしょうか。全体を動かすための仕組みです。それは新しい評価基準かもしれません。報酬体系かも、Visionかも、キャリアパスかもしれません。組織には何らかのエンジンが必要です。皆が乗れるバスを作ったらエンジンを載せることを忘れないでください。

リーダーシップとマネジメントはやや意味が異なります。僕の解釈ではリーダーシップは「意志」、マネジメントは「技術」。従業員を一つの目的に向かわせる意志と、その向かわせ方を正しくする技術です。どちらも分業化された組織を有機的に一つの目的に向けて走らせることに寄与しますが、永続的に成長を続ける企業とそうでない企業の違いは、リーダーシップ力とマネジメント体制の有り無しだと言われます。「フルファネル」はマーケティングのProduct, Price, Place, Promotionの中のPromotionだけに過ぎませんが、それでさえもほとんどの広告主が機能不全に陥っています。この機能不全を正常化できるのは、社長、あなたの力なんですよ。

第三章のおさらいと用語解説

❖ミドル・ファネルの役割とは

いかに自分にとって価値があると理解してもらうか、自分事化してもらえるか。ミドル・ファネルでの施策で効果が高いのはSNSでのWEBCMで、どんなベネフィットがあるかを親身に描くもの。対してトップ・ファネルは、認知を獲得する役割。

❖ミドル・ファネルのWEBCMの作り方

態度変容度が大きいのが、ミドル・ファネルのWEBCM施策。①ターゲットをクラスターに分け、コンテンツを複数制作する方法と、②商品で訴求すべきポイントごとに、コンテンツを複数制作する方法を著者はとっている。

❖ フルファネル化の手順

ミドル・ファネルのWEBCMを先につくり、マスに響くものをTVCMに格上げする。この方法だと、タレントやクリエイティブも一貫し、予算も全体でテレビCM1本分とさほど変わらない。ただし実現にあたってはマスを担う宣伝部とデジタルを担うデジマ部の組織連携が必須。

❖ Promotion 予算の鉄則

事業を極力リスクなく成長させるためには、獲得しやすい層（CPAの低い層）から広告予算を投じるのが原則。ボトム・ファネルからトップ・ファネルに上がっていく。

❖ 広告コミュニケーションの最適化とは

トップ・ファネルに位置するマス広告だけならば、コンテンツの最適化だけでよかったが、フルファネルのやり方では、どれだけ効率良くターゲットにアプローチできるかというメディア活用の最適化も加わり、全体最適となる。新しいマーケティングに対応できる組織の体制づくりが要となる。

社長マーケティングに重要なキーワード

❖CPA

Cost Per Action あるいは Cost Per Acquisition、購入や申し込み1件あたりにかかった費用、あるいは新規顧客を獲得するのに1人あたりにかかった費用のこと。

❖ファネル

購入に至るまでの流れを図式化したもの、パーチェスファネル。トップ・ファネルの役割が認知、ボトム・ファネルが刈り取り、それらを繋ぐミドル・ファネルが自分事化。人数が絞られていく逆三角形が漏斗（ファネル）の形に似ているところからそう呼ばれている。認知から刈り取りまで全体でコミュニケーション設計する考え方を「フルファネル化」と呼ぶ。

❖ クラスター

ターゲットをデモグラや属性、趣味嗜好などによってグループ化したもの。これに対しペルソナはターゲットのイメージ像を指す。

❖ リーン・スタートアップ

必要最小限のことから始めて、仮説検証を重ねながら事業を立ち上げる手法。

回り道コラム③

東洋経済で見たデータなんですが、米国企業に比べ、日本企業は「老化」が非常に早いとのこと。米国企業は創業から100年ぐらいずっと総資産利益率がじわじわ上がり続けるのに、日本企業は平均13年で急落しているんです。これって世の中のイメージと逆ですよね。日本企業は「百年暖簾を守ってきました」感が強いのに、実態は逆だったというわけです。その原因について小霜流の鋭い仮説を提示してよろしいでしょうか。それはズバリ、

日本は社長の報酬が安いから！

ですよ。

僕は以前、エリート外国人向け高級賃貸マンションの仕事をしていたのですが、日

本で働く外資系エリートってどんな生活してるかご存知ですか？　早朝起きて、ジムに行く。シャワーを浴びて出社。昼頃わざわざ帰宅して妻子とランチ。シャワーを浴びて出社。夜遅くまで仕事して、帰宅してシャワー浴びて就寝。こんなことを毎日やってるんですよ（ついでに妻子が帰省すると愛人を連れ込む人もいるとかいないとか）。もちろん目指す先はトップの座ですよね。報酬の超高いトップの座です。

正直、（こんなヤツらと戦っても日本企業勝ち目ないな……）と思いました。この本では「個人の利益＞企業の利益」とか「承認不安」とか「部分最適化」とか企業の組織にまつわる問題点をいろいろ書いてますけども、その背景には、「この程度の報酬だからこの程度の働きでいいんじゃない？」という意識をなんとなーく感じます。だから、全てにおいて「ゆるい」のではと。エリート外国人のような働きはもうできないご時世ですけども、せめて緊張感は持ちたいものです。そのためには日本の社長ももっと報酬取っていいように思うのですが。そうすると企業内の「ゆるさ」も消えて上昇志向体質になるんじゃないでしょうか。ついでにアドバイザーの報酬も増やしてもらえればサイコーです。

第四章
やっぱし事件は現場で起きている

僕はずっと諸葛亮孔明に憧れてました。三国志ファンならずとも名前ぐらいは聞いたことあるんじゃないでしょうか。歴史に名を残す天才軍師ですね。そう、僕は軍師になりたかったのです。自分の場合どなたのご依頼でもお引き受けしますので、社長が劉備玄徳であれば諸葛亮孔明になり、曹丕子桓なら司馬懿仲達となるわけです（「曹操孟徳なら」と書かないあたりが三国志マニア心をくすぐっているのでは……！）。

ただ、最近はどうもそうじゃない気がしてきています。自分がなるべきものは漢帝国を打ち立てた功臣である韓信ではないかと。漢帝国の開祖である劉邦にはやはり諸葛亮と並び称せられる張良という名軍師が付いてました。韓信はいちおう劉邦の将軍なのですが、劉邦の下ではなく独自に趙やら魏やら斉やらという国をバンバン平定していって、それでも劉邦を裏切ることはしなかったという歴史上非常に希有な人物です。張良がいなくても劉邦は項羽に勝てたかもしれませんが、この人がいなければ劉邦が項羽を負かすことは無理だったでしょう。

諸葛亮と韓信との違いは、諸葛亮が学者上がりなのに対して、韓信は一兵卒上がりだというところです。戦いの現場を知っているんですね。だからめっぽう強く、兵力という具体的な力を主君に与えることができたわけです。

トップの隣にいると、山の上に立っているようなもので、全てが見渡せます。全体をどう動かすべきか、どこに戦略資源を適切に配置すべきか、どこでトラブルが起きているか、全てわかります。しかし麓の現場は霞んでいてよく見えません。大軍師や大将軍が見事な采配をしても、戦っている現場では兵がひょろひょろで話にならない、とか、指示が全然伝わってない、では勝てません。また、負けている時、必ず嘘の報告が上がって来ます。現場指揮官が自分の責を問われないように。自分がトップの意図を正しく理解できなくて間違ったオリエンをしていたのに、エージェンシーに責任転嫁するなどはしょっちゅうです。だから本当のところはどうなのか、を社長は常に把握できていないので、次の打ち手も間違えるという負の連鎖に陥ってしまうのです。

この章で述べたいのは、

「現場を疎かにすると怖いよ」

ってことです。

現場のちょっとしたことで事業全体がパァになる時代だということを認識してください。

Promotion の現場がどんな惨状を呈しているかもノンフィクションでお伝えします。

僕はお引き受けする業務の幅が非常に広く、それに合わせて肩書きを書くと名刺は寿限無のようになってしまいます。それで何とか「クリエイティブディレクター／コピーライター／クリエイティブ・コンサルタント」という3つに絞ったのですが、先述のとおり「クリエイティブ・コンサルタント」を「マーケティング・アドバイザー」に変えました。最近、広告業界からコンサル業界に転職する人が増えています。広告とコンサルでは、利幅がずいぶん違うらしいのです。いつだったか、僕の契約金がいくらぐらいか経営コンサルタントに聞かれた時、「嘘でしょう?」と言われました。「うちだったらその10倍はもらいますよ」と。

ぶっちゃけ、コンサルタントはあまり評判良くないですよね。意見だけ言って金がっぽり取るくせに責任取らないと（もちろん人にもよりますし、現場に張り付くコンサルもたくさんいらっしゃいますが）。頭のいい人特有の弊害もあります。それは、現場の実態を把握してなくてもそれなりに説得力ある資料を作れてしまうことです。上っ面だけで中身のない提案なのにトップはそれで安心して、評価したりもする。そうすると、上っ面の机上論が重用される企業文化となっていきかねません（これを避けるためにアマゾンではパワポの使用を禁止しているとのこと）。

また、これはマーケティングに限らずですが、企業にとって大きな問題は、理論の正しさではなく実行力のなさであるとよく耳にします。「企画」とは「企てる」と「画する（カタチにする）」がセットになっていますが、カタチにならなければ企画という言葉は意味を持ちません。それと同じことです。もちろん、対価以上に価値あるコンサルティングをされる方も多いのでしょうけど、マーケティングにおいてコンサルティングって必要なのかなと疑問を持ち始めています（僕は「デジタル・クリエイティブ」「データドリブン・クリエイティブ」などいろんな商標を持っていまして「クリエイティブ・コンサルティング」もその一つです。こないだそれを使わせてほしいという方がいらしたので「いいよ」と言ったのですけど僕本人がもう何か違うなと思ってます……）。マーケティングの理屈がいくら正しくとも、アウトプットの現場を見られないと存在意義は薄いと思うからです。「コンサルタント」という肩書きだと、「現場に行かない人」という意味に取られてしまわないかと危惧したので、その呼称をやめたんです。

僕はトップと戦略の話をしつつ、必ずクリエイティブの現場も見ます。企画打合せ、撮影、編集、要所要所で立ち会って指示を出します。マーケティングにかかわる大勢の人が素晴らしい戦略を練り上げて、価格戦略、供給戦略、流通戦略まで全て体制を整えたのに、たとえばPromotionの現場担当者が、「監督が怖かったので撮影現場で物が言えなかった」で全ておじゃん、ということが往々にしてあります。もちろん、トップに対してそんな報告はなされません。それが現場の怖さなんです。

この章では現場で本当は何が起こっているのか、社長に知ってもらいたいと思います。

制作現場の実状

マザーグースの「For want of a nail」という童謡をご存知でしょうか。

釘が足らずに蹄鉄打てず、蹄鉄打てずに馬がそろわず、馬がそろわずに騎士集まらず、騎士集まらずに戦に負け、戦に負けて国滅ぶ、全ては蹄鉄の釘が足りないから

というものですが、釘職人に対して、「1万騎の蹄鉄分の釘を作ってほしいんですが」「オレは鉄の釘なんて作らないんで。銀の釘じゃないとオレの仕事じゃないんで」「それで何騎分で

きますかね」「まあ百騎ぐらい?」「じゃあそれで何とか……」が、現場の真実。
当然社長は、「なんで百騎しか揃わないんだ?」と叱責しますよね。それでいつも負けてばつかりじゃん、と。でも「フルで生産しても百騎分が限界なんですよ(嘘)」と言われたら信じる以外ない。もし僕が現場にいたら、そもそも数を作るのに長けた釘職人、つまりは企画に合ったCM監督を起用します。力のないCDだとそういうことすらできなかったりします。担当者やエージェンシーが妙に気をつかって言えないとか、クリエイティブがわかってるふりをしたいとか、もうそんなことで全てがねじ曲がっていくんです。

Promotion においてCM監督は超重要なファクターです。僕は「この企画はあの監督に頼みたい」と、監督選びにはかなりこだわります。CMに限ればちょっとした演出の違いがものすごくモノを言うので、正否の50%以上は監督の力によると思ってます。たまーに広告主が監督を直起用することがあるんですよね……揉めるのはこのケースです。しかし、もしどうしても監督が首を縦に振らなかったら僕はプロデューサーに「監督交代。社デレ※でいいんで今からア

※社デレ:社内ディレクター

サインして。社長は僕が言えばわかってくれるから」と指示します。そこまでやって折れなかった監督は今までいませんが、僕は本気でそこまでやります。まあ、実際は「あ、そうなんですか？　じゃあこういう工夫したら釘2万騎分作れますよ？」という監督の方が多いですけど。

もちろんPromotionのレベルを上げるのは監督だけではありません。僕はエージェンシーのスタッフが力不足だと感じたら、裏で彼らを集めて、指導したり説教したりします。その時は「クリエイティブ職の先輩」の顔を使います。今のエージェンシーの問題点として、中間層の空洞化があります。若い人のやる気があっても、それを指導する層がいないんですよ。僕が指導すると、「こうすれば戦えるのか」とわかったりするんですね。クライアントの顔とクリエイティブ職の先輩の2つの顔を使い分けることで、アウトプットに責任を持ちます。

クリエイティブの世界って猿山みたいなもので、タイマン張って強いヤツにしか心から従わないんですよね。「たいしたアイデア出せねえくせに」と。実際にコピー書いたりコンテ書いたりしてキャンと言わせないとなめられちゃうんです。このあたりはスポーツの世界もそうかもしれませんよね。プロ野球でソフトバンクが強いのは王さんが時々現場に行って生意気な選手を押さえるからじゃないかなあと想像してます（自慢ですがこないだパーティでご紹介いただきました！）。『アオアシ』ってサッカー漫画があるんですけど（けっこう面白い）、フォワード一筋でやって来たサッカー小僧がすんごい努力してJリーグのユースに入るんですね。ところがそこで監督に「おまえはディフェンスをやれ」と命じられるんですよ。サッカー小僧は苦悩した末に新しいポジションで花開くんですが、監督が選手として実績を積んできた人間じゃなく、仮にコンサル会社の人間だったら、絶対言うこと聞かないですよね。いくらそのコンサル会社が最新のAIを持っていようと、最新のトレーニング技術を持っていようと、たぶんサッカー小僧は言うことを聞かないでしょう。彼が「ざけんな」つって勝手にシュート決めに行ってたら守備スカスカでボロ負けなわけですよ。そして、ボロ負けの本当の理由をオーナーに説明されることはない。喩えて言えば、これが広告業界の制作現場の実状です。

ではクライアントの言うことをそのまんま聞くクリエイティブチーム、監督であればいいのかというと、そうではありません。『アオアシ』で言えば、ディフェンスをやれと言われたからずーっと後方で突っ立ってました、というのでは無能です。ここというチャンスには上がって行って、ゴールに蹴り込んでほしい。クリエイティブ職にはこのあたりのバランス感覚が必要なのですが、指示待ちするだけでフィーはやたら請求してくる、そういうのばかりです。マス時代、広告コミュニケーションの決め手はクリエイティブだ、ということで、エージェンシーではクリエイティブ職が威張ってました。以前ほどではないですが、今でもその傾向は残っています。このあたりは広告主にはピンと来ないところかもしれません。一般企業では製造部門や販売部門など売上げに直結する部門が会社の中心で、宣伝部・マーケティング部はそのサポート役という立場ですから、なんで広告クリエイターごときがエラそうにしてるのか理解できないのですが、エージェンシーではまさにそこが売上げ直結部隊なので。

戦略、メディア設計、クリエイティブの順に

広告主もエージェンシーも、マス系はベテランが多く、予算も持っています。マーケティングもデジタル時代に突入していますが、広告主もエージェンシーも、デジタル系は若い人が多く、たいした予算を持っていません。ここにねじれ現象が発生します。

マス時代は広告の「出し方」がほぼ決まっていましたから、戦略を決めたら次はクリエイテ

ィブ、の順で良かったのですが、デジタル時代は「出し方」が重要な時代です。**戦略を決めたら次はコミュニケーション設計をして、それに応じてクリエイティブ、という順で考えていかなければいけません。**でも現実的に若造のメディア運用チームがベテランのCDに物が言えるか？　というと、言えないんですよ。それでどうなっているかというと、マス部署がTVCM1本5千万円で作り、後は知らないよ、で、デジタル部署がデジタル系エージェンシーやプロダクションに「300万円でバズる施策できない？」といった有様です。

逆はアリなんです。僕はもともとはマス系のCDですが、僕がデジタルの運用チームに「こうしてほしい」と指示を出すことはできるんです。まずメディア設計から考えたい、と言うとビックリされると同時に、有り難がられます。「そんなこと言うCDに初めて会いました」と。これからはマーケター（ストラテジスト）が総リーダーで（これは広告主が自らやるようになって来ています）、その下のスタッフの全体リーダーがデジタル運用までできるメディアプランナー、その下にクリエイティブチーム、という構成でなければいけません。ただそこに移行するまではまだ時間がかかるでしょう。それまでは僕のようなマス系CDがストラテジーやメディア運用まで理解して、協働体制を作らないといけないのですが、残念ながらそういう動きをしている人は非常に少ないです。

なぜか？　それは過去の成功体験を引きずっているからです。マス系広告の成功は「社会現象」なんですよ。僕の場合で言いますと、キリン一番搾りでは地方に隠れた美味いものを見つけようというコミュニケーションをしましたが、「47都道府県のうまい！が当たるキャンペーン」は初回だけで申し込みが2千万口を超えました。これはその後のご当地グルメやB級グルメに繫がっていきます。また、PlayStation のローンチ時に「全てのゲームはここに集まる。」というコピーを書きました。すると秋葉原のエロビデオ屋が「全てのエロはここに集まる。」なんて看板出してたりするんですね。心の中で（ヨッシャ！）てガッツポーズします。それだけ浸透してるってことなので。

広告が生み出す社会現象というものは、ターゲットじゃない、全くの見込み客じゃない人たちを巻き込んで成立するものなんです。ところがデジタル広告のキモはターゲティングですから、ある意味、社会現象になってはいけないんです。ターゲットじゃない人たちに「そんな広告目にしたことない」と言われて勝ちなんです。これはマス系CDの成功体験否定に繫がるので、生理的に受け容れがたいんですよ。僕も、「何が楽しくてマス・WEB融合なんてやってるんですか」と言われることありますよ。「理解できない」と。

そもそもTVドラマでは犯罪シーンのオンパレードなのにTVCMで一切描けないのはなぜかわかりますか？　番組は自分で観るか観ないか選択できるけど、TVCMは全ての人に強制露出されるから、という考えがベースにあるのです。WEBCMはスキップやスルーできるので、観る観ないを選択できます。だから表現の自由度が高くなります。TVCMが全ての人に強制露出されるということは、全くその商品が価値をもたらさない人も付き合わせることになるので、最大公約数的な楽しさが必要とされます。WEBCMはターゲティングが前提なので、「わかる人にはわかる」表現ができるのです。なので、広告クリエイターとして僕はWEBCMの自由度に惹かれるのですが、それに気づいていないクリエイターが大半なんじゃないでしょうか。

それから僕はマーケティングで物が売れりゃあ何でもいい、という考えで、たまたま軸足をクリエイティブに置いていているだけなんですが、やはりそこが強みになっていると思います。企画制作の現場がわかる。そして、本当は何が問題なのかを、関係者を貶めることなく「うまいこと」トップに報告できる。マーケティングを机上論ではない実践的なものにするためには、今後はそういう働きをする人間を一人でも増やしていかなければいけないと思っています。

現場の忖度で得体の知れないものができあがる

もちろんエージェンシーからのご依頼でも仕事受けてますが、正直、だんだんつらくなってます。この場合僕の直クライアントはエージェンシーですから、エージェンシーの扱いを獲ることが第一の使命となります。でもこれが難しいんですよね……。そもそも広告主内部でいろんな人の思惑が入り乱れているので、どこに照準を定めていいかわからない。企業全体のためになる提案をしても、担当者の個人的な保身とズレているとそこから上に届かない。広告主とエージェンシーの溝のために、ストライクゾーンがわからないんです。

自分の真意を伝えられないのもストレスが溜まります。ある著名な映画監督にショートムービーを撮ってもらったのですが、主演は誰がいいか検討していたら、いきなりエージェンシーから「主演はこの人で」と広告主と勝手に決めた人を指名してきたんです。監督は「自分の意向は無視か」と激怒。それ以降、彼は撮影現場でもエージェンシーと広告主ガン無視で、僕としか会話しない、PRの協力も一切してくれない。エージェンシーの営業さんが「そもそもわかってない」「クライアントにいい顔をしたい」ってところに因があるのですが、広告主からすると「?・?・?」です。僕はエージェンシーに雇われている立場なのでエージェンシーの利益を優先すると頭越しで本当のことは言えない。その後僕はクビになったのですけど、営業さんが自分を守るために適当な嘘をついたのでしょう。

こういうこともありました。

デジタル運用のプレゼンをした後、その運用ができないことが判明（そもそもメディアが外部データを受け容れなかったという基本的な話）。営業さんが運用チームと打合せをしないままプレゼンしていたためにそうなったのですが、間違った提案をしたと認めたくないのでもっと効率のいい運用法がありましたと嘘をついて再提案。正直に話すべきじゃないですかーと僕は言ってたのですが、広告主にありもしない僕の悪口をバラ撒かれてクビに。エージェンシーを庇いつつ、広告主のために心を砕いても、ちっぽけな保身のために平気で裏切る営業さんは星の数ほどいます。僕としてはそういう人たちとは付き合わなければいいし、仕事に困っているわけでもないので問題ないのですが、広告主は本当のことを知らないまま嘘を信じ続けることになります。それが心痛い。もちろんエージェンシーにも心のある人たくさんいらっしゃいますけども、やはりだんだんつらくなってきてますねえ。

現場で広告主にも問題あること多いですよ。受注側で仕事していると稀にとんでもなく非礼な人がいます。知らない会社から「相談がある」と呼びつけられて行ってみたら「売上げを10倍にしたい」「ただし広告予算は増やさない」「そのアイデアを自主提案してほしい」と都合のいいことを列挙して。「断ります」と言ったら「どうしてですか?」と驚くんですよ。「自主提案してくれってことですが、僕がいつ御社の仕事をしたいと言いました?」と言うと、キョトンとして、「他の業者さんはうちの仕事が欲しくて自主提案しますよ?」と。自分たちが困って誰かに何かを頼んだり相談するのに超・上から目線で呼びつけるような人たちとなんて仕事したくない、ってことがわからないんでしょう。彼らは僕のことを偏屈だとかなんだとか思ってるんでしょうけど。

よく「頭のおかしな人ばかりの世界で正常を保つ自分こそ頭がおかしいのではないか」と主人公が悩むストーリーありますが、そんな感覚にたまに囚われます。女優が太ったからもっと痩せて見える撮り方しろとか部長が現場で言うので「それは無理です。本編集で試しましょう」と言ったらそれだけでクビにされたことあります。そういう時も必ず僕がわがままだとか何だとか、真実と逆の作り話が上や横に広がります。エージェンシーの営業さんは可哀想な立場で、どんなイヤな担当でも作り笑顔で付き合い続けないといけないのですが、そこはやはり人間なのでモチベーションも落ちるし社内でいいスタッフをキャスティングすることもできません。その理由もそこから上へ伝わることは絶対にないです。

さすがに社長が広告業界の誰が今イケているかなどはわからないと思いますが、2流のスタッフしか集まらない広告主は担当者が社会人として常識がないとか、人間的におかしいとか、単にそういう話ってことはあります。**なんでうちはこんなヘッタクソなCMしかできないんだと思ったらまず現場を疑うべきです。**コンペで決まったはずなのにいつの間にか他社に発注されてたとか。こういったケースは誰かの思惑が働いたのでしょうが真実はわからないまま。ヘタしたら訴訟ですが、下でもみ消されるのでおそらく社長はそんな諍いがあったことすら知らないでしょう。

指示に一貫性がなく、いろんな部署との軋轢を生みたくないってことで、上や横の意見をそのまま伝えて、ステーキをさらに美味にするだけのはずが「ステーキ塩ラーメンお好み焼き丼」みたいな得体の知れないものを作ろうとしている、といったこともよくあります。社長や役員や声の大きい外野への忖度が働いて、全員納得の要素を足しているだけなんです。社長の言った何気ない（どーでもいい）一言を、担当者が優先順位一位にして企画ぶち壊しとか。「ステーキ塩ラーメンお好み焼き丼ではなくステーキお好み焼き丼塩ラーメンになりました！」「わっかんねえよ！」みたいな。トップはそこまで望んでいるわけでもないのに優先順位がひっくり返りまくって、何が一番大事かを見失ってしまうのは業界「あるある」です。そういった時、僕が広告主側にいれば現場に「きっと社長がおっしゃりたいのは、この肉には塩が合うんじゃない？　ってだけでは」と言って最適化を図り、同時に社長の承諾を得ます。こんなこともエージェンシーからの意見では通りにくく、社長と繋がっていて初めてできるのです。

純粋にクリエイティブのことで言えば、「コンテを読める」人ってほとんどいないんですよ。社長がＣＭコンテを見て、「こんなかんじになるのかな……」とイメージしても、だいたいその通りにはなりません。イメージを上回ってくれれば「思ったよりいいね！」となるのですが、「なんでこうなっちゃうの？」ってことの方が多いでしょう。そして無理な修正を繰り返し、ますます無残になっていくのも「あるある」です。

あと、多いのが**契約書問題**。広告主からエージェンシーへの発注の仕方は大きく2種類ありまして、1つは単独のエージェンシーに丸ごと発注するやり方。これは外資系エージェンシーのやり方ですが、人/月でフィーを試算し、契約書を交わして1年間の支払額を最初に決めてしまいます。官公庁の仕事の受発注に近いです。

もう1つは複数のエージェンシーに案件ごと、メディアの枠ごと、といったふうに分割して発注するやり方。日本ではこちらの方がポピュラーですが、基本的に契約書は交わしません。細かいことに急いで対応、という時にいちいち契約書を作っていては間に合わないからです。民法上、口頭でも契約は締結したと見做されます。

しかしやはりこれで揉めることはよくあります。たとえば番組枠を2クール買った。2クールとは半年を意味しますから、広告主は27週間分買ったと思うわけですが、エージェンシーから「2クールは26週分だからあと1週間分追加で払ってほしい」とか言われる。本当にあった話で、エージェンシーの営業さんは「それが業界の常識です」と言ったそうですが、これはどう考えても営業さんのミス。最初に説明するのを怠っただけです。後から「アチャー」と思ったんじゃないですかね。広告主は当然納得しないわけでかなりモメたようですが、部長からするると「なんで契約書交わさないんだ」って役員会から叱責されるかもしれないわけで。ローテーションでやって来たばかりの宣伝部長には何の咎もないわけですが、正しい報告はなされなかったかもしれません。

契約書交わさないことでエージェンシーが損害を被ることも多いです（そっちの方が多いと思います）。CMを作って部長のOKを取ったものの、社長からNGが出た。それでオンエアしないこととなり、制作費は「払わない」。こういう場合どうなるかというと、エージェンシーと広告主の関係によります。つまり、他案件で十分に収益を上げていればここは泣き寝入りするか……となることもありますが、そうでなければ1年ぐらいずーっとモメたり。そのような場合も正しい報告が社長に上がることは絶対にないと言えます。僕もあまりに悪質な発注主に対して弁護士立てたことありますよ。そっちの方が費用かかったとしても、放置すると業界のためになりませんから。これもトップと現場の意思疎通役がいれば未然に防げるものです。

社長が「おかしい」と感じたら、何か起きている

前掲のサイトコア社の調査によれば（けっこう興味深いので何度も使わせてもらっております）、広告主の97％がコンテンツをより早く制作することが重要と回答しているのに、74％はパーソナライズに必要となるコンテンツの種類や量を作ることはできないと回答。つまりは、企画制作現場は本当に歪な状況なんです。僕が非常に心を痛めるのは、広告主にもエージェンシーにも、突然鬱になる人が増えてることです。すごく誠実に、軸となって案件を回している人が、パタッと姿を消すんです。その前日まではそういった気配は何もなく、次の日に出社しない、「もうダメです」と電話が来てそれっきり。鬱になる人は若い層よりもリーダー職に多いという調査データがありますが、いろんなものが掛け違って、自分の力では整理しきれないで心折れてしまうのでしょう。なので僕が広告主サイドにいて現場を見る時は無理をさせないよう気を配ってます。

自分の点数を上げるために、広告主はエージェンシーに、エージェンシーはプロダクション

に、プロダクションはスタッフに、無理をさせるヤツがエラい的な風潮がありますが、それは完全に間違っていますので。誰もハッピーにならないばかりか、生産性も下がってしまいます。後の章で述べるグローバルな動きとしてのＳＤＧｓやＣＳＶは「みんなハッピーになりつつ利益を上げよう」って考え方ですが、広告業界の企画制作現場にもこのミニ版をインストールする必要があると思っています。一章で経営者はメイヨーの「人間関係論」を真っ先に押さえるべき、と言ったのはそういうことです。柱になる人材がリタイアしていくようでは生産性も何もありませんので。ちなみにニューギニアで石器生活を送っている部族に鬱病はありません。

現場のちょっとしたミスが経営を揺るがすってこともあります。例えば**「炎上」**とか、現場は意外と鈍いんですよね。ドルチェ＆ガッバーナはＣＭが「中国人を馬鹿にしてる」と言われただけで中国市場を一瞬にして失いましたから。

広告は「自分事化が大事」と言われますが、そこにはちょっとしたことで「自分が」馬鹿にされた「自分が」差別されたという受け取り方に繋がる危うさが潜んでいるわけです。大ヒット映画『翔んで埼玉』は近年最高に爆笑しましたが、エンタメコンテンツは広告と違って他人事として客観視しやすいんです。

「そういう撮り方すると女性差別になるからこうやって！」みたいな現場での修正指示は僕はしょっちゅうやりますけど、そういうのに気づく人全然いないんですよ。撮影日直前に僕が感染症で高熱出して緊急入院したことがありまして、撮影に行けなくなったんです。監督とは緻密に詰めてるし、エージェンシーのクリエイティブチームとプロデューサーに任せればまあ大丈夫だろうと思っていたら、送られて来たテイクをベッド上で見て（これはお蔵※にするしかない……）と天を仰ぎました。現場で監督が演者さんの演技を「ちょっと」変えてるんですが、その「ちょっと」のことで、暴君の夫に奉仕する妻、という家族に見えかねなくなってるんです。一時外出許可を取って仮編集に行き、他のテイクに差し替えて問題ないレベルまで持っていって、病院に戻りました。38℃の熱があっても取りあえず編集はできるとわかりました。

「こういうときは臆病なくらいがちょうどいいのよね」（アニメ機動戦士ガンダム『めぐりあい宇宙編』より）

またギャグにしていいものといけないものがあって、この回避にも一章で述べた経験から来る直感力が大きく働きます。炎上して社長がお詫びすることになるCMのほとんどは、経験値

※お蔵：お蔵入り、オンエアしないこと

の少ない若いクリエイターに丸投げしたものです。
今、厚労省の「人生会議」ポスターが物議をかもしていますが、これもギャグにしてはいけないテーマです。さらに言えば、たった1日で回収したことへの批判もありますが、おそらくトップは知らなかったのでは。「こんなことやってたの!?」と。トップが知らないことなら「クレームが来てもやり続けよう」なんて腹をくくることはハナからできません。

メディアで言えば**アドベリフィケーションの問題**も見過ごすべきものではありません。もし詐欺集団が運営するサイトに御社の広告が出稿されてたら、御社は反社会勢力を資金援助していたってことになるわけです。また「デジタル・タトゥー」って言葉はご存知でしょうか。ネット上でやらかしちゃって削除できないもののことをそう呼びますが、エージェンシーの若い人は毎日のようにいろいろやらかしてます（人材不足なもので）。自分のアカウントと間違えてSNSの広告主アカウントで個人的な発言してしまうとか。こういうの、御社の発言として永遠にタトゥー化しますよ。今は現場でもみ消してるけどそのうちとんでもないニュースが飛び込んで来るでしょう。
やらかした、ではなく故意にYouTubeに迷惑動画をUPするバイトテロは職場への不満が動機です。ああいうのをやられたら、Promotionではもうどうすることもできません。だから、残念ながら「現場のことは現場に任せた」なんて言ってられない時代なのです。

諸葛亮は天才と多くの人から敬意を集めていますが、結局中華統一の夢を果たすことはできませんでした。その理由は、もしかすると兵たちの現場の実態を知らなかったからじゃないかなという気がします。ちなみに韓信は漢帝国の成功に多大な寄与をしましたが、その後あっさり誅殺されてしまい、「狡兎死して良狗烹らる」という名言を残しています。僕もこの名言を過去10回以上は口にしてきましたが、まあそういうクライアントばかりでもないんでやってられるかな、というかんじです。

この章で言いたかったこと。それは、**社長が「何かおかしいな」と感じたら、何かおかしいことが起きてるんです。**報告を聞いてもどこかスッキリしなかったら、その報告は嘘です。

成功した社長の多くは**「現場に行け」**という言葉を残しています。トヨタは現場主義を徹底して成長した企業です。でも現実問題、社長がいちいち撮影現場に来る余裕はないし（女優起用の時は足を運ばれる方多いですが……）、来たところで何が行われているか自分の眼で判断がつきません。じゃあどうしたらいいのか。僕のような現場に睨みをきかせられるアドバイザーがいない場合は？　そのための策は、この本の最後の章に書いています。

以上、現場から小霜が中継しました。

次章からは、もっと大所高所から俯瞰したマーケティングについて述べていきます。

第四章のおさらいと用語解説

❖現場を疎かにすると怖い

素晴らしい戦略があっても、クリエイティブ現場のちょっとしたことや、個人の担当者の保身によって、事業全体を揺るがすことは往々にしてある。社長や声の大きい外野への忖度が働いて、制作現場が修正を繰り返し、無残になっていく。しかもトップに正しい報告は上がらない。

❖戦略、メディア設計、クリエイティブの順と現実

デジタルでは広告の「出し方」が重要。戦略を立てるマーケター（ストラテジスト）が総リーダーで、その下にデジタル運用ができるメディアプランナー、その下にクリエイティブチームという構成が理想だが、現在はまだ、マス系のクリエイティブの力が強い。

❖ トップと現場の意思疎通役とは

制作現場に睨みをきかせ、関係者を貶めることなく、社長に正しく報告できる立場の人。未然に現場がねじ曲がっていくのを防ぐことができる。

社長マーケティングに重要なキーワード

❖ドルチェ&ガッバーナのCM

2018年、ドルチェ&ガッバーナは中国・上海で行うショーの開催に向け、アジア人女性がピザやパスタを箸で食べる動画を公開。中国人を侮辱していると炎上し、さらにデザイナーによる心ない発言もリークされ（アカウントの乗っ取りだと否定はしたものの）、ドルチェ&ガッバーナのショーの出演者は相次いでボイコット。それだけでは終わらず大手ECサイトがブランドの扱いをやめた。

❖アドベリフィリケーション

広告主のブランド毀損に繋がるようなサイトへの広告表示がされていないか、ユーザーが認識できる位置に掲載されているか、表示回数が不正に水増しされていないか、を検証すること。

回り道コラム④

僕がド新人の頃、今は故人のECDからこんなことを言われました。「小霜君、発注主の期待に応えるのでは2流だ。応えられないのは3流。期待を超えて1流なんだよ」と。

この言葉は今でも僕の行動指針になってます。オリエンを受けたら、発注主がどういうことを想定しているかを考えます。そして、その想定を超えて、「そう来たか」「想定外だけど、これがいい」と言われるところを目指します。もちろん、「外す」のとは違います。狙いは外さないで、さらに素晴らしいと感じられるアイデアを出すってことです。

これはクリエイティブ案を企画して納品するまでの全てのポイントでそうあるべきです。広告主は企画プレゼンで、「そう来たか」にワクワクしてほしい。CDは監督の演出案で、「そう来たか」にワクワクしたい。企画コンテと全然変わらんじゃないか、という演出コンテを出してくる監督には二度と発注しません。撮影中も、「こうしたらもっとよくなるんじゃや?」というのを常時考えて、監督と相談します(「香盤押してますー!」ってプロデューサーがよく悲鳴を上げたりしますけども)。仮編集では演出コンテ通りにいったん繋いではみるけど、「もっといい繋ぎ方はないか?」と模索します。全てのポイントで「そう来たか」が積み重なって、最終形がもともとの企画コンテから見た目はかなり違ったものになっていても、結果オーライならよしなんです。それを受け容れてくれる広告主がいいCMを輩出してます。「役員にVコンが通ったからその通りに作ってくれ」という広告主もいますけど、ロクなCMを流してません。決まった通りにしかやれないのでは1流のスタッフは集まらないし、集める意味もないからです。

クリエイティブはいくらでもサボれる仕事です。1つの企画を出すのに1分しかかけなかったとしても、「1週間かけた」と言われたらそれを信じるしかありません。「これでいいや」と思ったらそこで試合終了です。どこまで考えればいいかは自分で決めるしかなく、ゴールのテープもない、自分が納得できるかという戦いです。そして、走り始めた途端、これでいいやとさっさと終える人が増えました。特に働き方改革が浸透するようになってから。オリエン通り、発注主の想定通りのものしか持って来ないのです。アイデアのアの字もなく、言われたままを持っていけば通るだろ、と。それでしれっと5千万円の見積もりとか出して来たり。

内閣府とアドバイザリー契約してる身としてはちょっと言いにくいけど、「アイデア出るまで寝るな！」が本音。だってドラマ観てたら、困難な手術のやり方を徹夜で考え続けて明け方閃いた、とか、定時通りにさっさと帰っていた男が実は夜中に工場に戻って開発を続けていたとか、そういう時に主題歌が流れ始めるじゃないですか。達成感のない仕事人生に何の感動があるのか。働き方改革とは、仕事の質を落とせ、が命題ではありません。「無理をしない」のと「手抜きをする」は全く異なる概念のはずなのに、クリエイティブ領域では一緒になろうとしています。

クリエイティブの仕事にはジレンマが伴います。時間をかけるほどいい仕事にはなるだろうけど、効率は悪くなる。エージェンシー的には時間かけずにさっさと捌いていく方が儲かるでしょう。そのタガが外れ始めてるんですよね。エージェンシーとして指名されただけであぐらかいて、ラクに儲けようとしてるのがあからさまなことがあるんですよ。僕が発注側にいる時は、なめんなよとクビにします。だって、僕はいつだって自分で企画制作できるし、はるかに安価にはるかにいいアウトプットができればクライアントのためになりますからね。

クリエイティブにおいて、発注側と受注側は程良くぶつかり合うのがいいんです。受注側は「こうしたい」という自己主張をしてほしい。でも発注側にも事情や狙いがあって、曲げられないものはあって、そこは受け容れてもらわないとカタチにならない。そのあたりのバランス感覚のいい人が、いいクリエイティブ職だと思います。

プロデューサーからよく愚痴を聞かされます。「監督がこんなこと言い出したんですよ……」と。僕は「いいんじゃないの～」と言います。あ、言われてみればその通りだ、ってこともありますし。CMがもっといいものになるよう考え続けて、時には無茶も言う監督はいい監督です。それを限られた時間と予算に収めるプロデューサーは大変だけど、監督とプロデューサー、監督とCD、クライアントとCD、これらがぶつかり合う火花からいいコンテンツが生まれるんです。広告主のトップにはそのあたりの機微を理解しておいていただきたいです。ハンコ押したVコンと実際のアガリが異なっていたら、Vコンよりもいいものになってるってことです。

第五章
「Vision」の
本当の話をします。

18世紀頃、米国に巨大な独占企業があったそうです。今で言うところのGAFAとか問題にならないくらい、市場を独占してたらしく。その会社は風車を作ってました。当時、米国の農業は風車が動力源で、ほとんどの農家に風車を提供してたそうです。今はもう存在していません。産業革命で、動力源が風や水から石炭、そして石油へと移行し、農家も風車を使わなくなったからです。でももしその企業が自分たちのアイデンティティを「風車を作る企業」ではなく、「農家に動力を提供する企業」と考えていたら？　21世紀でも立派に生き残っていたかもしれません。

逆の例で面白いのはルイ・ヴィトンでしょう。ルイ・ヴィトンさんは製材所の息子です。木にめっぽう詳しかったらしく、「木箱」作りを生業としていたんですね。当時の主な移動手段は馬車でした。馬車だと、荷物を入れるのは木箱でいいんです。その頃はどの都市も馬だらけで、馬糞で都市が埋めつくされるぞと真面目に議論していたそうです。そこに、機関車というものが登場します。機関車に積む荷物は小さくて積み上げられるケースに入れる必要があります。今で言うところの「トランク」です。この時代の変化を敏感に察知したヴィトンは、木を捨て去るんですね。自分の会社のアイデンティティを「木の性質を熟知した木箱メーカー」から、「どんな交通機関でも便利・安全に荷物を運べるトランクメーカー」に変更したわけです。この時の彼の決断がなければ今、ルイ・ヴィトンというブランドは存在していないでしょう。

これを**「CI（Corporate Identity）作業」**と呼びます。

倒産企業の大きな理由の一つは**「時代の変化への対応が遅れた」**です。今進んでいる方向性や内部環境が正しいかどうかを定期的にチェックして、**自らのアイデンティティを動的に見直す作業が「CI作業」です。**これは生存・成長戦略のために非常に重要なものなのですが、この定義も百家争鳴で、間違った、あるいは成長に寄与しない無意味なものを多く目にしますので、そこを正したいと思います。CIについては前々著『ここらで広告コピーの本当の話をします。』でも少し触れました。しかし改めて、ここでさらに深掘りを試みることにします。

時代変動の中で自分は何者か再点検

前々著でも触れましたが、よく広告業界の人はCMの最後にくっついている企業ロゴと企業スローガンを指して「CI」と呼んだりします。この認識は正しくありません。また、その時点でのアイデンティティをうまく説明することでもありません（これはCIコンサルタント含む実に多くの人が誤解しています）。**CIというのは、時代の変動の中で、企業がその先も生き残っていくために事業コンセプト、活動領域、自分は何者であるべきかなどを再点検していく作業のことを言います。**

社長に欠かせない資質の一つは変化への対応力であると言われます。企業が破綻に追い込まれる大きな理由はリスク対応の甘さと変化への対応の遅さですから。商品よりもビジネスモデルが勝敗を決する時代においては新しい変化の方向性を常に探り続けることになります。たとえばそれまで商品を一つ売っていくらの商売をしていたのが「BaaS（Business as a Service）」などへ舵を切るとなると、まず恐れるべきは社内の混乱です（こういったビジネスモデルの変革については次章で詳述します）。従業員が心を一つにして新しい方向に向かって歩けるようにするためのメソッドがＣＩ作業なのです。たとえるなら**ＣＩとは毎年の健康診断と、その結果による健康維持のための指針とも言える**でしょう。

ちなみにマーケターとかＣＤって、医者に似ているところあるなと思ってます。企業やブランドがうまく行ってない時、その原因は何なのか診察して、適切な治療をする。もし出血が止まらない状況なら、まずは応急処置で血止めをしないといけません。しかし、それで一命を取り留めても隠れた原因を突き止めて根治療法をしなければ、出血は繰り返されるばかりで回復不能な状態まで体力は落ちていきます。「医師」という肩書きが付いていても、その実力には天と地ほどの差があって、とんでもない名医もいらっしゃればとんでもないヤブもいます。これは個人的な経験上ハッキリと断言できますが、病気にかかった時、その後の結末は名医に当たるかヤブに当たるかの運次第です。そういう点では医療界も広告業界も同じでして、ブランドが成長するか死んでしまうかは名「マーケター」、名「ＣＤ」に当たるかどうかの運によるところが大きいです。あえて違いを言うならば、広告業界ではいくら名医が付いても提案を受け容れないで患者が間違った治療法を指示したりするところでしょうか。僕が呼ばれることが多いのは、ヤブエージェンシーがいい加減な治療をしたり、ジャイアン患者が医師の言うことを聞かなかったりで、ドクターヘリで着いてみたらもう心臓止まりかけてるじゃん！　みたいな状況です。大学病院だから間違いないだろうと任せてたら、いつの間にか死ぬ手前まで行ってさすがにヤバいと気づいたと。実際の大学病院は研究機関であって患者によって治療法を柔軟に変えるということは基本的にしませんし、科や医師個人の力もバラバラで、このあたりも大手エージェンシーに似ているところ多いです。

この本の前半では主として病に侵されている状態からどう一命を取り留めるまで持って行くか、その処方をお伝えしようという意識で書きました。運よく体力が回復に向かったとして、このあたりから、**根本的なところで免疫力を付けて、どんなウィルスや細菌が侵入しようと自力ではねのける健康体であるためにどうあるべきか**、そういう話をしていきたいと思います。そのために欠かせないのが新しいマーケティング思想と新しいテクノロジーをどう採り入れるか、ＳＤＧｓなど外部要因の「義務」ではない前向きな活用、そしてそれらを含めた企業活動への落とし込みとしてのＣＩです。

Visionを間違うと正しいマーケティングはできない

さて、ＣＩは**Mission, Vision, Values**の３つから成り立ちます。そしてこれらを一言で言い表したものが企業スローガンということになります。企業スローガンの作り方についてお知りになりたい方は前々著をお読みください。これら３つについてはいろんな人がてんでバラバラな定義をしていますが、正直なところ、僕にはどれもピンと来ません。なぜならば、ＣＩ作業というものは企業の成長に具体的に資するものでなければ意味がないからです。「技術で社会の未来に貢献する」などというお題目（僕は仏教徒なのでこういう使い方はやや抵抗ありますが……）では、かえって成長を止めてしまうことになります。企業の成長を止めてしまうお題目作りのためにＣＩコンサル会社に何千万円も払うなどという愚を冒してほしくないのです。

以下の、僕の整理を信じてください。

まず**Mission**とは何か。

これはキリスト教的な思想から出て来ているように思います。昔、カンヌでパルムドール獲ったロバート・デ・ニーロ主演の『The Mission』て映画あったの覚えてます？ 間違って自分の弟を殺してしまった悪党が改心し、自分はどう生きるべきか？ と神の教えにすがる内容。どう生きるべきか？ に対して神が与える使命がMission。もともとは「送る」を意味するラテン語ですが、礼拝の終わりにこれを司教が告げる習慣から、「神の言葉を送り届けよ」↓「神の使命を果たせ」という意味に変わっていきました。要は、Missionは**「天から授かるもの」**なのです。「Visionを設定する」とは言っても「Missionを設定する」とは言いません。逆に「Visionを授かる」とも言いません。ここが、MissionとVisionの最も大きな違いです。

Missionとは、企業の存在理由です。「これを成し遂げるならば、汝の会社が存在することを許すぞよ」というものです。ここに他企業との差別化を持ち込む必要はありません。たとえば医療業界であれば、「病で苦しむ人を一人でも救う」でもいいんです。「そのやり方は汝の得意なVisionでいいぞよ」ということです。製薬会社、研究者、医師、医療従事者、官僚、それぞれ新薬開発なのか臨床なのか制度改正なのか、やり方は異なるけど、目指すところは大きく違わないはずです。「病で苦しむ人から1円でもむしり取る」といったMissionを掲げる悪徳診療所には天罰が下るということです。

企業にはいろんな役割がありますが、そこで働く人に「がんばる意味」を与える機能も持っていると思っています。「自分がここで働いていることで、病で苦しむ人が何人か減るかもしれない」と。「自分は何のために生きているかわからない」と言う人は、働いていないか、ちゃんとしたMissionを定めていない企業で働いているんじゃないでしょうか。定年になった途端にどう生きていいかわからなくなる人は、企業がMissionを与えてくれていたんです。逆に元気になる人は自分自身で新しいMissionを生み出したんでしょうね。ちなみに昨今では「企業にとって大事なのはPurposeだ」と言う人たちもいますが、これは自分視点でなく社会視点で企業の存在意義を語るべき、ということで、僕が定義するMissionとほぼ変わりません。七章で解説するＥＳＧに則した経営方針などは「Purpose Driven」と呼ばれたりします。

次に、**Vision**。

これは**「これから2～3年ぐらいで達成する目標」**ぐらいに捉えればいいと思います。中期経営計画と繋げてもいいでしょう。**Missionと違って定期的に見直し続けることが肝要です。**

そして、Mission, Vision, Values の中でこれが最重要。ここが企業成長のための原動力となるからです。なんぼ崇高な Mission の元で活動している企業であったとしても、自由競争社会の中で敗れ去り、社会に貢献できなければ元も子もありません。数年ごとに新しい Vision を掲げ、勝ち続けることによって天から褒められるのです（仏教の教えとはかなりかけ離れていますが今は欧米肉食モードで話しております）。Vision の決め方を間違えると全てを間違えることになります。マーケティングも間違えます。

Vision は「変化し続ける」ことを強く意識しないとできません。どんな生物も進化の途中ですが、人間は今の自分を最終形態だと思いがちです。企業も今が最終形態と思いがちで、Vision も往々にして「現在の説明」になりがちなんです。Vision を正しく定めないと正しいマーケティングはできません。マーケティングとは生活者の中に新しい価値を生み出すことで新しい顧客創造に貢献するものと説明しましたが、その基になるのは Vision が定める企業の正しい「変化」です。先々の勝ちに繋がる変化ということです。なので Vision の中には、企業の差別戦略、優位戦略が入って来なければいけません。

米国に Edwards という医療系企業があるのですが、心臓カテーテルを開発しています。これまでも血栓を除去したり血管の狭くなった箇所にステントを入れて広げるカテーテルはありましたが、Edwards の目指すものはもっと高度なものです。心臓弁を治すんです。心臓には4つの弁がありますが、何らかの理由で不具合をきたすと、心臓外科医が手術して治療するしかありませんでした。カテーテルは腕や脚の太ももあたりの血管からワイヤー状のチューブを患部まで送って操作し、治療するやり方ですが、プスッと針を刺すだけなので身体への負担の低さは段違いです。外科ではなく内科のカテゴリー。特殊なケースでもない限り、患者が手術とカテーテルのどちらを選ぶかは問うまでもないでしょう。この企業のカテーテルはすでに4つの弁のうち2つの治療を可能にしました。持つべき Vision は明らかですよね。「心臓の全ての弁をカテーテルで治療可能にする」となるでしょう。僕は数年前からこの企業の株を持っています。その理由は強い Vision が見えるからです。強い Vision が見えるということは、「勝ち筋」が誰の目にもハッキリ見えているということです。米中貿易摩擦などの外部要因をものともせず、株は上がり続けています。

Vision はベクトルです。皆こっちに向かって進めー！　と方向性を示す旗頭です。Vision があるからこそ、従業員は一つになれるのです。マーケティングも様々な部門が連携しないと行えなくなりました。それを一つにして動かす駆動力の元もVisionなのです。

Visionの効用はまだまだあります。

企業が何を掲げようが働き方同じ、という従業員はたいして役に立たないでしょうが、Visionに共鳴してがんばる従業員は大きな戦力になります。

また、Visionは従業員の評価指標の元になります。Visionに沿って働いてくれたら評価する、そうじゃなければ評価しない、ということですね。人事にも繫がるんです。

顧客のフィルタリングにもなります。従業員からすると、全ての顧客を相手にするのは疲弊に繫がります。どういう顧客を大事にして、どういう顧客を「招かれざる客」として排除するのか、これもVisionがないとわかりません。


Edwardsの経営者の力量が真に試されるのは、４つの心臓カテーテル全てを開発してしまった時でしょう。次のVisionはなんだ、ってことです。心臓にこだわるのか？　他の臓器をカテーテルで治すのか？　腫瘍をカテーテルで切除するのか？　自社開発はやめてM＆A企業になるのか？　それによって僕は株を売り払うか買い増すか決めるでしょう。

Visionの話（つづき）

Visionに近いものとして**「Visionary Word」**があります。これは企業というよりも、社長個人の思いを言葉にしたものです。ビル・ゲイツさんは「一人に一台PCを」と言いました。当時は荒唐無稽と捉えられていたはずですが、結果的にそれを実現させました。「信念」のようなものでしょうか。

企業の成功のために社長のリーダーシップは欠かせません。そのリーダーシップを占うための言葉、と言っていいかもしれません。実際、アマゾンであれAppleであれ、大成長した企業の多くはVisionary Wordを持っています。ここで注意してほしいのですが、**Visionary Wordをそのまま企業のVisionとするわけにはいきません。Visionary Wordはいつ実現するかもわからない途方もない夢です。**投資家などのステークホルダーからすると、来期、再来期の成長戦略が知りたいのであって、先々の夢を見せられても判断できないのです。うちの小学生の末娘は「ハーバードに行く」とか主張するので僕は「そうか、すごいな！」と言いますが遊学させるための資金を用意しなきゃとはちっしも思っていません。

社長がよく間違えるのが、孫さんや柳井さんなどのカリスマ経営者の企業Visionを真似することです。「ほほー、成功する企業のVisionとはこういうものか。我が社もぜひ見習わんといかんな」と思うのは間違いです。カリスマ経営者の企業にVisionはさほど必要なく、彼らのVisionary Wordを企業風に翻訳した程度のものが多いので、これは逆に参考にすべきではありません。お題目みたいなものが多いし、社長の朝令暮改に合わせるためにはお題目にするしかないんです。いわば、カリスマ経営企業は人治国家のようなもので、社長の言葉が法律なんです。

そういう企業の場合、ステークホルダーも、企業Visionなんて見てやしません。彼の言葉に耳を澄ましているんです。イーロン・マスクさんの言葉にはいつも感心させられますが、テスラのWEBサイトには企業Visionのようなものは一言も書かれていません。彼がメディアで発信するものが全てだ、というメッセージ性を逆に感じます。

多くの企業は法治国家でないと人心を束ねられません。

Mission, Vision, Values はそのための憲法のようなものと思ってください。

日本でも最近は元ZOZOの前澤さんのように自分の個人的理念を逐一メディアに発信するニュータイプのカリスマ経営者も現れ始めました。たとえば月旅行すると仰いますが、そのためには半年ぐらい施設に籠もって訓練する必要があります（僕は大病を患ってキャンセルするまで米国のベンチャーに宇宙旅行を申し込んでいたので割と詳しいです）。つまり半年間は仕事しないよと言ってるに等しいので、事業や企業価値に影響出ないわけがないのです。僕ですら一週間休みを取るスケジュール調整もできないのにですよ。他人事ながらヒヤヒヤして見ていたら、やはり事業を投げ出すことになっちゃいました。ご自分からYahoo!に働きかけたそうで。違う意味でこういったやり方も軽々に見習うことはやめたほうがいいです。SNSがすごく怖いのは、「いいね」を付ける取り巻き達はウンコみたいな発言にも蠅のようにたかるので、それが世論のように投稿者に錯覚させてしまうところです。SNSの情報発信で世論醸成を目論む経営者の多くが企業を誤った方向に導きがちなのはそこであると思います。後述するD2Cで成功している経営者達の多くはSNSを駆使しますが、「言う」ではなく「聞く」のがうまいのです。

Values

Values は、よく「その企業独自の価値観」と説明されます。が、このままでは昔ながらの自分たちのカルチャーを大事にしようね、ということで動的な Vision 構築の妨げになりかねません。なのでこれは、Vision を達成するための**「独自の価値を持つ武器」**と考えるのがいいでしょう。

先ほどの Edwards で言えば、「カテーテルの独自技術」がないことには話になりません。しかしおそらく「グローバルの交渉力」も入ってくるのではないでしょうか。日本では、カテーテルは内科のカテゴリーであると言いました。そうすると外科医は反発するかもしれません。当然ながら保険適用を目指すことになりますが、抵抗勢力みたいなものがその妨げにならないよう、うまいこと厚労省と折衝しなければビジネスとして拡がりません。自由診療のままでは多くの病院で推薦されないし、患者が存在を知る機会も少なくなってしまいます。「独自技術」があったからこそ Vision が描けたのでしょうが、Vision を達成するためにもし「交渉力」が欠けているのだとすれば、その武器を調達する必要があるわけです。

VisionとValuesとはそのような関係と考えることで、企業は新しい一歩を踏み出せるのです。「Value＝開発力」「Value＝人材」「Value＝経営資源」「Value＝特許」、その企業のVisionを達成するための独自の武器なら全てがValueです。よく「経営とは資源の再分配である」などと言われますよね。企業の持つ資源とは、お金、人材、外部への影響力、ブランド資産、一章で述べた独自保有のデータ、多種多様なものが含まれるわけですが、その中でこれまで価値が低いと思われていたものが時代の変化によって主役に躍り出ることもあれば、その逆もあり得ます。ただそれは自然とそうなるだけではなく、経営視点で今はどれを重用すべきか、どれを切り捨てるべきかを随時検討しなければならないのです。ＣＩ作業は経営資源の随時最適化という意味でも意味を持ちます。

僕は今後**Valuesの中で最も大事になっていくのは「人」**と思っています。昔は工場などの「設備」でしたよね。今はＯＥＭとかＯＤＭなど生産は外部委託できますし（ちなみに現在ＶＡＩＯの収益の柱はＥＭＳという電子機器の受託生産です）、研究施設を持たず商品開発をアウトソーシングしてPromotionに投資する企業の方が収益性は高いようです（それはそれでどうかという疑問はありますが）。従業員という「人」について言えば、今後、企業内の働き方はあらゆるものがＡＩやＲＰＡで代替されようとしています。ちなみに「クリエイティブはＡＩで代替できない」というのも真逆でして、クリエイティブ作業は世界に存在する何かと何かの組合せで、その新しい発見のことを言うのです。ＡＩは人にできない無数の組合せ作業をやることで解を生み出すものなので、むしろクリエイティブ作業には大いに向いています。

だからといって「人」を軽視していいわけではありません。先述したように従業員の数が減っていくからこそ１人の力が問われます。高野山に「企業墓」がたくさん建立されているのをご存知でしょうか。松下電器産業に始まり、日産、ヤクルト、キリンなど、昔は従業員のお墓の面倒も企業が見ていたのです。ところが今はただのコストぐらいにしか見ていないのを従業員も承知しているわけですが、職をいつＡＩに奪われるか、いつ転職すべきかを考えながら企業の成長に寄与できるとは思えません。

従業員は保護されるべきという流れもあります。芸能人は個人事業主か従業員かという論議がありますが、Uberなどの仕事を単発で受注する人をギグワーカーと言います。あるギグワーカーが主に１社の仕事を引き受けているのなら従業員扱いで社会保障なども企業で責任持て、という立法がカリフォルニア州で行われました。これが全米に広がればUberやリフトなどのマッチング企業は壊滅するのではと言われています。しかし、逆の見方をすれば仕事を優先的に回すことで従業員扱いすればその人の時間を他のサービスに奪われることはなくなるわけで、優秀な人材を引き込み育てられるチャンスかもしれません。保護するという発想だけではただの負担増であって、うまく人材化する、Value化する企業に勝算が訪れるでしょう。これは七章で述べるCSVなどにも繋がります。

デジタルエコノミーとは生活者や働き手などの「人」からデジタルで何を搾取するかの経済とも言えましょう。ギグエコノミーは人から時間を搾取し、GAFAはプラットフォームから人のデータを搾取しますが、個人情報は個人で管理する、が民主主義国家の流れになっているように、今後はそういったことが許されなくなってきます。次章で述べるカスタマーサクセスは顧客という「人」との関係性をどうValue化するかという思想とも言えましょう。

オープンイノベーションで外部パートナーとの提携を広く求め、V字回復した企業はいくつもあります。P&Gはわざわざ自社開発の割合を下げることで成長の鈍化を防ぎました。マーケティングにおいても外部企業や専門性の高い個人の助力は必須です。パートナーとしての

「人」との関係をどうValue化できるかも今後さらに問われて来るでしょう。

Mission, Vision, Valuesを言葉化する際に気を付けるべきこと。それは、できるだけ「表現」を排するということです。どうしても広告キャッチコピー的なカッコイイ言葉にすべきではないか、と洒落た言い回しにしがちなんですよ。その結果、意味の伝わらないふんわりしたものになっているものを多く目にします。CIの内容が斬新なら、そのまま言葉にしても斬新に見えます。逆に言えば言い回しのカッコよさが必要なCIは内容に新しいものがないってことです。CIはお飾りではなく具体的に従業員を動かし、ステークホルダーから見た時の価値を高める実効力あるものでなければいけません。ぜひそこのチェックを忘れないでください。

2035年には「全ての企業はプロジェクトになる」と言われます。全ての働き手は個となって、プロジェクトに参画するように企業に集まるようになるだろうと。これを提唱しているのは厚労省です(「働き方の未来2035」)。CI作業、企業のMVVはある意味、その時その時に企業を最も有効にプロジェクト化する作業かもしれません。つい最近の神戸大学の調査では、幸福感を決定づける因子として、学歴や年収よりも「自己決定」がはるかに勝っていました。僕のところにも毎日のように「転職を考えてるんだけど」「転職しました」という連絡が届きます。日本能率協会の調査によると、入社3年未満の若手社員の46・8％が転職サイトに登録しているそうです。

僕が懇意にさせてもらっている高橋政代先生は世界初のiPS網膜細胞移植を成し遂げた方ですが、最近理研を退職してご自身でスタートアップ企業を立ち上げました。再生医療界に激震、と報じられていましたが、たぶん「学」にいるといろんなしがらみで動きにくかったのでしょう。こういったものはまさに「企業のプロジェクト化」の走りではないかと。企業のプロジェクト化という流れの中で、優秀な働き手、ステークホルダーを惹きつけるために、プロジェクトリーダーたる社長にとってMVVの設定はますます重要となっていくでしょう。

そして余計なお世話かもしれませんが、いま最もCI作業が必要とされる企業のひとつがエージェンシーではなかろうかと。電通も博報堂もWEBサイトに「企業広告」というムービーを置いてますが、これ観て仕事発注しようって気になる広告主いるのかなあ。どうやら個々の企業から社会へ意識を変えたというのはわかるのですが、どうやって投資と収益のバランス取るんだろう。迷走していては、社員も不安になるのでは。ある大手デジタル系エージェンシーはもはや社員の半分が新卒1年目と2年目だそうですし。もう一回「for the client」の精神に立ち戻って、Promotionのプロとして（営業さんは「営業」って肩書きに戻して）自らのアイデンティティを固め直すところから再スタートしてはと思うのですが。

オレのCI

かく言う僕も、Mission, Vision, Valuesは意識しています。

Missionは、「広告業界をより良い世界にする」でしょうか。これはもう10年以上変わっていません。「no problem LLC.」という社名には業界やクライアントのプロブレムをなくす、という意味が込められています。

5年ほど前のVisionは、「広告クリエイティブの価値を業界に正しく再認識してもらう」というものでした。僕が新卒でコピーライター配属された30年以上前は、広告は企業にとってどこか文化事業的なニュアンスがありました。東京オリンピックの予算も8千億円の想定が3兆円に膨らんだそうですが、「まあ文化事業ってそういうものかもね」的な、ROIという概念もない野放図な世界でした。なので、成果など問われることもなく、世の中を楽しませるクリエイティブにガンガンお金が回ってきていました。しかしバブルが弾け、リーマンショックあたりで「広告って投資なんじゃやね？」と考える企業が増えて来ます。モノを売らないクリエイティブに価値なんかないいんじゃないかと。

僕は以前から広告でいかにモノを売るかにこだわってきたCDなのでその流れに乗ろうと思い、目論見は想定以上にうまくいきました。広告賞の審査員とか、いわゆるサロンから距離を置いたのもむしろ広告主から歓迎され、結果オーライでした。僕が日本で最も大きい消費財メーカーと契約した時、「小霜さんはとても信頼できるCDです」と紹介されました。「小霜さんはカンヌに行ったことがないんですよ！」と。これにはいささか面食らったのですが、6月になると突然いなくなる広告クリエイターは多いです。「カンヌに行く」というと全て許されると思ってるんです。僕がカンヌに行ったことがないのは、僕がいないと仕事が回らないので、行けないいんですよ。日本の広告賞はクリエイターの権威を高める役割しかないと思ってますが、カンヌは広告というものの存在価値を高めるべく足掻いているように見えますので、僕はリスペクトしています。でも全てほったらかしてカンヌに行っちゃうCDと同じにはされたくないですね……。

自分のスタンスを固める意味と業界に警鐘を発する意味で前々著を上梓しましたが、これも独自のポジションを築く役に立ちました。僕からすると当たり前にやって来たことを書いただけで、「こんなん誰でも知ってることじゃないか」と言われないかなーと不安だったのですが、蓋を開けてみると「目鱗です」と賞賛されました。やっぱり流れはこっちに来ているなと確信しました。

それから3年ぐらいして、広告で効率良く売るためにはデジタルの力を無視できないことに気づきました。いろいろと新しい試みをやってみたところうまくいったので、新たなVisionを打ち立てました。「マス・WEB融合をごいっしょに」です。それまでマス＝認知、WEB＝刈り取りと寸断されていたコミュニケーション設計をつなごうということで、これは大きな可能性があると期待しました。マス・WEB融合の第一人者のポジションを固める狙いと、業界の迷走を緩和する狙いで前著を上梓しました。これまたウケました。ただウケ過ぎて「小霜は「デジタルに転向した」と早合点した人も多かったようです。そういうつもりはさらさらなく、クライアント・ビジネスをやっている以上はクライアント・ファーストの立場で、利用できるものはマスだろうとデジタルだろうと何でもうまく使おうぜ、と言いたかったのですが。

ちなみに僕は、自分の仕事人生が成功の道筋を辿れたのは広告業界の先達たちのおかげと思っています。だから「テレビはオワコン」なんて言葉は虫唾が走ります。日本テレビとはここ最近のプロジェクトを通じて今でも繋がりがありますし、ビデオリサーチともアドバイザリー契約を結びました。広告業界の未来にはまだまだマスの力が必要ですし、自分がハブになりいろんな組織を繋げることで新しい活性化に貢献したいのです。

そして今。先述してきたように、マス・WEB融合は組織をどうするかという問題でもあります。マス・WEB融合のために広告主と契約すると、結果、組織間のつなぎ役をやることになるんです。そこから見えてきたものは、これからのマーケティングは社長などのトップが見なければ立ち行かないケースが多いということです。そういう方々のアドバイザーの先駆者としてのポジションを築こうというのが現在のVisionです。そして、その流れを加速させることで、いろんな歪さを解消し、広告主もエージェンシーもプロダクションも、広告業界全体からストレスを少しでも取り除くべくこのような本を上梓するに至りました。うまくいくかどうかはわかりませんが、ちょっとずつうまくいくんじゃないかな……。現在、なんだかんだ取引のある企業は20社ぐらい。広告主でアドバイザリー契約しているところが大小10社ぐらい。ほんの1年前まで電通は僕にとって最大の発注「元」でしたが今は最大の発注「先」です。

以前、僕の会社の従業員は10人ほどいましたが、大病を患って仕事がほとんどなくなった時期もあり、今では僕と妻と女性マネージャーの3人だけになってます。もし以前と同じ体制なら、まず自分の従業員に仕事を与えることを最優先で考えていたでしょう。そうすると今のVisionは達成できません。Visionの持ち方によって組織のあり方も変わらなければならないということを、身をもって学んでいます。では、数年後のVisionは何か？　それはその時の情勢で考えます。

Valuesについては、まず経験から来るマス系クリエイターとしての実力はあるでしょう。最後は自分で解決してみせる。でもそこに安寧していてもダメで、デジタルなど広い知見も必要。あと、僕のマネージャーは元CMプロデューサーなので、プロダクションの見積もりが読めるんです。僕のコンテを読む力と掛け合わせると、「この美術ホントに必要?」とかでCMの制作費を数百万円とかすぐにコストカットできるんですね（JAAの人からは「それ商売にしたら?」とか言われてます）。そうすると、ほんの10分程度で僕の年間フィーが賄えちゃうんですよ。ちなみにTVCMの局納品の仕方がちゃんとわかってない広告主やエージェンシー営業さんは少なくないです。全国スポット展開なのにプリント納品（ひとつひとつHDカムなどにダビング）してたり。オンライン送稿に替えるだけでこれまた数百万円浮いたりすることも。

最近はパートナー作りがうまくなった気もします。モノを売るためにデジタルが必要と思った、という話をしましたが、デジタルの知見だけでもクライアントのサクセスにコミットするにはまだ足りないと感じてます。マス・WEB融合を実現化するためには予算配分の最適化が欠かせませんが、廉価でそれをやってくれる会社を紹介したり。接客を効率化するための優れたチャットセンター、脳波測定を併用して定性調査の確度を上げる調査会社、5千人のマイクロインフルエンサーを抱える会社、そういった、課題解決のための新しいソリューションを持った会社と次々と繋がるようになって、必要に応じてクライアントに紹介しています。これもVisionを達成するための僕の独自の武器なのです。

ちょっとスピリチュアルな話になりますが、僕は6年前に大病を患って、本来ならそこで死んでたはずなんです。国立がん研究センターの主治医が10年遡って調べても僕のような例はないらしく。これは何か天から「おまえにしかできないことがあるのじゃ」と言われてるような気がしてですね、それで自分なりのMissionを遂行していくことにしたんですが、天の助けか、ほとんどうまくいくんです。もちろん神仏頼みじゃなくて、その時その時の情勢に合わせてVisionを達成させる努力も必要。そしたらその基となるValuesも膨らんでいく。Mission, Vision, Valuesとはそういう関係だと思っています。

第五章のおさらいと用語解説

❖ CIとは

時代の変動の中で、企業が生き残っていくために必要な事業コンセプト、活動領域、自分は何者であるべきか、などを再点検していく作業のこと。

❖ Missionとは

天から授かるもの。企業の存在理由。

❖ Visionとは

これから2〜3年ぐらいで達成する目標。企業成長の原動力であり、変化し続けるもの。従業員を一つにする旗頭。

❖ Valuesとは

Visionを達成するための独自の価値を持つ武器。開発力、人材、経営資源、特許など。

これからは「設備」よりも「人」がValuesの中でも大事になっていく。

社長マーケティングに重要なキーワード

❖ Visionary Word

社長個人の思いを言葉にしたもの。大成長した企業の多くは持っている、先々の夢。いつ実現するかわからないため、そのままVisionとするわけにはいかないので注意。

❖ カンヌライオンズ

「カンヌ」と聞くと、パルムドールを授与するカンヌ国際映画祭を思い浮かべるかもしれないが、広告業界では「カンヌライオンズ 国際クリエイティビティ・フェスティバル」を指す。例年6月頃に、クリエイターがカンヌに行くため不在になることもある。

回り道コラム⑤

この本のどの章に入れればいいかわからなかったのですが…ひとつ付け加えておきたい重要なこととして、最近注目されているのがセールス・コンサルタントのマシュー・ディクソンさんが約10万人に対して行った調査です。それによればブランドと顧客を結びつけるものは「Satisfaction」ではなく「Effortless」であるということです。つまり、これまでロイヤルカスタマーを掴むために大事なことは顧客をどれだけ満足させるかだ、ということが当たり前のように語られてきたが、それは全くの幻想に過ぎなかったと。満足度とロイヤリティの相関はほとんどなく、それよりも、簡単であること、努力を要させないこと、イライラさせないことの方が相関すると。

行動経済学の「返報性」の理屈で言えば、人は満足に対してお返しをしたがるはずです。TVCMにも「楽しませてあげるから買ってよ」的な気持ちは込められています。ゆえに事後調査でのクリエイティブの良し悪しの指標は「好感度」でした。ただ、その「お返し」もせいぜい1回ぐらいで持続するものではない。だからTVCMは常に斬新な楽しさを求められるのでしょう。そういったことを付き合わせていってもディクソンの提唱に合致します。

確かに、「Effortless」で急成長した企業がありますよね。Facebook。それまでのSNSは、レスポンスを返すためには何らかのテキストを打ち込む必要がありました。それが、「いいね!」をクリックするだけ。この Effortless に僕も含め皆が飛びついたのです。クラウドワークスはずっと赤字企業でしたが、ここ4四半期は黒字を継続しています。そのきっかけはWEBライター検定やビジネス事務検定などのスキル検定を提供し始めたことではないかと言われています。つまり発注側がワーカーを選ぶ作業を Effortless にしたわけです。

これは六章で解説するサブスクリプションモデル（リテンションモデル）にも大きく繋がってきます。「Effortless」発想は4Pで言うと Product だけではなく Place、そして Promotion にも広がりを見せてきています。

第六章
テクノロジー変わる
ビジネスモデル変える
マーケティング思想変える

２０１６年、アマゾンのジェフ・ベゾスさんはこんなことを株主に言っています。
「狂ってると言われるレベルで、顧客にとってなくてはならない存在になる。それが創業初日から揺るがない唯一の選択肢である」
と。

つまり、皆アマゾンなしでは生きていけなくなる、そんな世界を創ってやるとずっと考えてた、ってことですね。どこからそんな自信が出て来るのか？　そのバックボーンは３つだと思います。

１つ目は**テクノロジー**。アマゾンに勤めていた僕の友人曰く、アマゾンはエンジニアがリードするＧｅｅｋな企業だと。テクノロジーオタクたちが毎日キーボードをチマチマ叩きながらシステムを改良し続けてるらしいんです。リコメンデーションシステム、在庫と供給管理の最適化システム、ＷＥＢ２・０と呼ばれたアフィリエイトシステム、そして超キャッシュレスのアマゾンダッシュやアマゾンＧＯ、オンラインで評価の高いものだけを扱うAmazon 4-starなどによる新しい顧客体験。どれも最先端テクノロジーを操るチームがなければ実現できないことです。

２つ目はそのテクノロジーが実現する新しい**ビジネスモデル**。店舗では不可能な、あらゆる在庫を持つことを可能にしたロングテールモデル。余ったテクノロジーパワーを利用したＡＷＳ（Amazon Web Services）、今や本業の流通よりもこっちの方で儲けていると言われてますが、これはアセット転用モデルと呼ばれます（ちなみにMicrosoftもAzure、GoogleもGoogle Cloudが収益の柱に急成長しています）。マーケティング的に重要なのがAmazon Primeによるサブスクリプションモデル。

３つ目は新しい**マーケティング思想**。最近台頭してきた概念として**「カスタマーサクセス」**というものがありますが、ベゾスさんはそれを先取りしていたのではないかと。意識的にか無意識にかはわかりませんが。カスタマーサクセスと聞くと、「なんだそんなの昔からあるじゃん」と思われる方多い気がしますが、それはカスタマーサティスファクション。どっちも略すと同じＣＳですが、ほとんど異なる概念です。コスモとコシモぐらい意味が違います。

この章ではおそらく今最も収益に貢献するであろうテクノロジー、ビジネスモデル、マーケティング思想の相乗効果について僕の考えをお話しします。業態によってはすぐ採り入れられる企業もあるでしょう。本の前半ではマーケティング現場の惨状を赤裸々にお伝えしてきたのでもしかするとムード暗くなってるかもしれませんが、このあたりからだんだん光を差し込もうかと。バイブス上げていくよー！

新たなマーケティング思想、カスタマーサクセス

さて上記3つのうち、比較的新しいマーケティング思想と言えるカスタマーサクセスから解説しますと、**これは、事業の成長のためには顧客の成功にコミットし続けなければならない、という考え方です。**そして顧客はそういう企業から離れることはなく、最大のLTVをもたらしてくれると。

社内に「カスタマーサクセス部」を設けた日本で最初の企業はSansanのようです。彼らは膨大な名刺をデータ化することで顧客の外交記録が一元管理できる、というサクセスを提供していますが、カスタマーサクセス部の下に営業部署を置くなど、顧客が何を求めているかを常

に把握することを第一と考えたそうです。

「DECENCIA」というD2Cの美容ブランドがありますが、ここが目指しているのは敏感肌で悩む女性を幸福にすることです。そのための手段が商品、という関係。毎日会議室に顧客を招いて社員が話を聞く、そんな姿勢に共感した女性たちの支持で成長を続けています。

また海外ではLambda Schoolというソフトエンジニアの教育サービスがあります。エンジニアの教育を受ける人の成功とは何か？　ただその技能を得るだけではなく、エンジニアとしての仕事を得ることですよね。なのでLambda Schoolでは教育を受けている間は無料、仕事についての給料から支払いを受けます。

僕が契約している企業でアビタスという資格取得学校があるのですが、そこがメインに扱っている資格はＵＳＣＰＡです。グローバルで通用する会計資格なのですが、これを取得しようと思う主な理由は一般会計士のように独立したいではなく、「全般的にキャリアアップに有利」ってことのようです。会計の知識だけじゃなく、英語力やＩＴ力も含まれるものなので。とすると、ＵＳＣＰＡを取得しようとする人たちにとっての「成功」とは？　ひとつには「良い転職ができる」ってことがありますよね。これまでアビタスが顧客にコミットしていたのは、「資格を取得させてあげる」ことでした。でも、「良い転職をさせてあげる」にコミットするなら？　資格取得以外にも、転職で成功するための無料セミナーを開くとか、ＵＳＣＰＡ人材を求めている企業情報を開示するとか、もし優良企業が求める資格の傾向が変わってきたなら、すぐにそれを採り入れるとか。買い手側にもＵＳＣＰＡ保持者がいかに使えるかの啓蒙活動をするとか。そうすると、転職を繰り返してステップアップを目指す人たちにとってアビタスは「人生にとってなくてはならない存在」になるかもしれません。そして、一回こっきりではなく、顧客から最高のＬＴＶが得られるはずです。

ＢｔｏＢでの「インサイト営業」もこれに近い考え方ですが、いずれにしても重要なのは顧客が潜在的に抱えているサクセスに気づかせてあげるということです。顕在化した課題については、顧客は自分でググったりしてすぐに解決してしまいます。ＡＩやチャットセンターなどの新しいテクノロジーで気づかぬ課題を抽出し、理解するところから始め、その解決にコミットするわけです。

「垂直立ち上がり」という業界用語があります。新商品の上市やリニューアルに合わせて広告を大量投下することを言います。これまでは商品の発売にこぎ着けるまでのコストをいかに早く回収するか、という売切り型が企業収益モデルの主流でしたので、Promotionもそれでよかったのです。最近、大手消費財メーカーに行くとよく聞く言葉が「なぜ売れないんだろう」です。企業が成長期にあると、トップの意識はさらなる「拡大」「投資」に行きがちで市場理解がほったらかしになり、生活者のニーズ変化に気づかなくなります。伸びている背後で顧客離れが始まっています。これまで、大手企業は営業力、すなわち「流通への押し込み力」で商品を売ってきたと言っても過言ではないでしょう。TVCMの投下量を取引通貨として、発売するや店頭にズラッと並べて、一気にドカンと売ってきた。そして、その商品が気に入ったリピーターが減少していくと、またリニューアルでドカン。それが、長い目線で見ると収益に繋がらなくなって来ているのです。そこでマーケティングのやり方を見直さないといけないんじゃないか？　と首をひねりつつもどうすべきか暗中模索、というのが現状です。

旧来のやり方が今ではもう全くダメ、というわけでもありません。しかし、これが成り立つための商品の競合優位性、ターゲットの中に生み出すこれまでにない価値、などといったものがどんどん目減りしていく中で、確かにマーケティング思想も新しいものが求められているのです。それは垂直立ち上がりと逆の、**スモールスタートで始めて、掴んだ顧客からじわじわと時間をかけて収益を上げるやり方**ということです。エージェンシーにとっては手間はかかるしうま味はないしでイヤなやり方でしょう。でも流れはもうできてしまっているように思えます。過渡期の間に新しいマーケティング思想の元でどのように収益を上げられるかのビジネスモデルを構築した者が生き残るんじゃないでしょうか。

この章では、そんな新しいマーケティング思想とビジネスモデル、そしてテクノロジーの関係について、管見の限りで紹介します。

競合より顧客の動向を見て成功する

これまで収益を上げるための戦略としては競合との優位性、差別性をどう作るかが最重要とされてきましたが、どうもそこから疑わしいとなって来ています。従来のマーケティング戦略論は基本的には既存マーケット内でのシェア拡大、または自分たちが提供できる価値に立脚した新市場創造のためのものです。商品やサービスがコモディティ化していけば、結局その先にあるのは値引きの消耗戦ですから。顕著なものとしては携帯電話のキャリアがその泥沼に陥ってますよね。「広告がつまらなくなった」と言われ出して久しいですが、生活者を見ているようで実は競合の動向ばかり見ている企業の姿勢が広告からにじみ出ていて、その姿勢に嫌気が差し始めたのかもしれません。

そして「競争」というものを気にしない企業で成功している事例が増えてきてるんですね。例えば湖池屋はカルビーの動向は一切気にしない、と方針を転換することでV字回復が始まったそうです。つまり、これまでは常に競合他社の動向を気にして、あっちがこう出て来たらこっちはこう出る、といったやり方でした。これからは常に顧客の動向を気にすべきだろうと。**顧客がこう出てきたらこっちはこう出る、といったことを素早く動的に行うやり方が勝ち筋であるということです。**これは旧来のマーケティング理論を根底から揺るがしかねない考え方で、カスタマーサクセス思想はそこに合致するのです。僕はこの考え方を始めたのはスティーブ・ジョブズさんではないかと思っています。彼はよく「マーケティングなんかいらない」と発言していましたが、旧来の、競合ばかり気にする型マーケティングはAppleにはいらないと言ってたんじゃないでしょうか。

一章でQR決済の総力戦の例を挙げましたが、国策の追い風もあり、会社が倒れかねないほどの総力戦を演じている割には全体としてまだ利用率が増えていない印象があります（クレジットカードの半分未満）。その理由としては、コラムで取り上げた「Effortless」の問題があるでしょう。ここはすごく大きいと思います。やはりいちいちスマホのQRコードを読み込ませるのは面倒くさいので、ネットでは「何チャラペイ」と揶揄する人も多いです。それに、競合の動向ばかり見ている印象がありますね。あっちが何%還元するならこっちは……と。2020年には統一規格「JPQR」が本格展開されると言われ、注文を事前に済ませられるモバイルオーダーの普及、金融サービスへの拡張など話題に事欠かないQR決済市場ですが、果たしてどうなるでしょうか。万が一共倒れになってしまったら、それは顧客のサクセスとは何かというところから出発しなかった、マーケティングの悲劇と言えましょう。

また、「デジタル・ディスラプション」という言葉がありますね。たとえばUberがマッチングシステムでタクシー業界の構造を毀損したように、主にスタートアップ企業が新しいデジタルの仕組みを採り入れて既存業界の価値を下げまくることを言います。これに対抗する既存企業の武器は「規模」しかありません。その中には顧客基盤があります。僕が思うに、デジタル・ディスラプターに対抗するには自らがつかんでいる顧客の求める価値を正しく把握し提供物を変化させ続けるしかないのでは。そういう視点でもカスタマーサクセスは意味を持ちます。

広告という神話

僕はいろんな企業に呼ばれて講演しますが、「そもそも広告とは何ぞや」という根源的なテーマを求められることも時々あります。そこで話すのは、「広告とは現代の神話・宗教である」です。現代人の本能は100万年ほど前の狩猟生活時代に基本ができたと考えられています。でもそれは現代社会と違和感を生じさせます。いわゆる認知的不協和ってやつです。たとえば多くの人は生まれながらにして蛇を怖がりますが、都心に蛇などいません。少なくとも都会人にとって毒蛇に嚙まれることを恐れる本能はもう必要ないのです。ところがよく見かけるんですが、赤信号を平気でチャリが突っ込んでいって車に轢かれそうになってますよね。それは自動車を怖がる本能がないからで、だから事故は起き続けるのです。そういった中で「何か違う」「どこかおかしい」というモヤモヤした悩みに対して手を差し伸べてきたのが神話・宗教だったと思うんです。つまりは物語です。ユヴァル・ノア・ハラリさんは『サピエンス全史』で人類の最大の特徴は物語を作り共有する能力にあると言いましたが、新作『21 Lessons』では全ての物語は不完全で、人々は新しい物語を作ることができずにいるとも言います。今、多くの人は商品に救いを求めます。自分のモヤモヤした不安や欲求を解消してくれる商品がどこかにあるはずだと。その救いを伝えるのが広告であると僕は思っています（宗教の力が減衰していることと広告の普及は相関があるかもしれません）。であれば、商品やサービスの価値を認知してもらうところからさらに進んで**生活者の成功にコミットするやり方は、さらに広告の存在意義を増すことに繋がるのではないか**と考えています。

また、僕はどんな商品やサービスにも必ず光と影があると思っています。自動車なしの社会はもう成り立ちませんが、自動車は未だ殺人機械でもあり、環境破壊装置でもあります。でももちろん広告でそんな影を見せることはなく、「休日は家族でレジャーに行こうヨ！」といった光だけの表現をします（Ｖｏｌｖｏの「私たちの製品は、公害と、騒音と、廃棄物を生みだしています」はこれを逆手に取ったものですね。誠実なブランドという印象を作るために）。

この影があまりに濃くなり過ぎると広告に制約がかかります。たとえばタバコのように。お酒は今微妙なライン上にいます。WHOはずいぶん以前から「酒の広告はいかがなものか」とブツブツ言っていて、お酒メーカーはすごい配慮をしています。「20歳を過ぎてから」といった注釈はベタベタ付けなければいけませんし、CMでは演者が「ゴクッ」と喉を鳴らす回数まで制限があります。ゴクゴクゴクゴクゴクプハーッとやると、それは一気飲み助長になるということで、以前は「ゴクゴクゴク」と3ゴクまで、今では「ゴク」と1ゴクまで、となったりしています。

メルカリにだって影はありますよね。現金が出品されて問題化しましたね（あれはクレジットカードで現金を購入する方が多少高くても高利貸しから借りる利息よりも安いという理屈でしょう。昔からカード詐欺系がよく使う手を応用したわけです）。抽選に使うボトルキャップを集めた写真とか。最近、東京の某医大では入学式スピーチで「ハニートラップに注意しなさい。君たちに言いよってくる女性の目当ては君たちではなく諭吉です」というものがあったそうでママ友の間で話題になってますが、ハニトラで使うための使用済み妊娠検査キットなども出品されてます。もちろんこういったものに制約はかけるわけですが、イタチごっこの感はありますし、法解釈が難しいものもあるでしょう。あまりにも犯罪の温床になり過ぎるとサービスの存続が問われることになります。

この「光だけを見せる」やり方は効きがゆるくなってきています。それは生活者の情報取得経路がマルチ化しているからです。つまり**生活者の体験情報、彼らにとっての価値情報はネットに溢れていて、ターゲットは常時「影」に接しているという前提に立たなければならなくなっている**わけです。これをどう乗り越えるか？　そういう観点でも、カスタマーサクセスという思想は有効に働くと考えられます。自分が真に求めていることに気づかせてくれたら「光」の強さに「影」は見えなくなってしまいますし、その達成をコミットしてくれたなら「影」が情報として発信されることもなくなるでしょう。

カスタマーサクセスはその収益性の高さが理論的にも証明されています。いったん顧客になった人たちが離れることを「チャーン」と呼びますが、カスタマーサクセスは言い方を変えると極力チャーンを減らそうという考え方です。よく「収益の8割は顧客の2割が生み出す」と言われますが、その2割の顧客に思いっきり投資を割り振ろうということかもしれません。マトリックス・パートナーズという投資会社の試算によれば、旧来の売切り型ではチャーンの初年度への影響は少ないが、5年経つと新規獲得でそれを埋めるのは困難となる。しかし広告投資を垂直立ち上がりではなくチャーン減に振り分ければ、アップセルやクロスセルなどの助けもあって収益は複利的にガンガン膨らみ続けると。

マーケティング思想を変えるのは企業にとって大変なことです。これまでの売切り型の成功体験が呪縛となって抵抗勢力が生まれるでしょう。「なんで今までのやり方じゃダメなんだ?」とそもそも理解できない人も多いでしょう。これまで付き合ってきた様々なパートナーとの関係が変わることになり、外部からの突き上げもあるでしょう。いずれにせよ、カスタマーサクセスは企業全体を巻き込むもので、各部門の利害調整が欠かせなくなると思われます。これを部長に背負わせるのは過酷というものです。だから、僕は社長と一緒にマーケティングするようになったとも言えます。

顧客を手放さないサブスクリプション

今のバズワードの一つに**「サブスクリプション」**がありますよね。収益モデルには直接対価型に始まり、フロントエンド商品（利益は薄いが人を呼ぶためのサクラ商品）とバックエンド商品（同時購買してもらって利益を上げる商品）を絡めるマージンミックス型（スーパーマーケットとか）、相手によって価格を変えるマルチセグメント型（昔ながらの寿司屋とか）、フリーミアム型（お世話になってます）、第三者課金型（広告スポンサーなど）、アディショナルレベニュー型（後述するいわゆるジレットモデル）などいろいろありますが、サブスク型が今後の最強ではと言われています。代表的な事例としては、アドビが2013年に売切りモデルからサブスクモデルに切り替えました（僕もそっちに切り替えました）。売上げはいったん落ち込んだものの、数年で大きく伸びました。アドビがサブスクに切り替えた理由としては、単品販売ではカスタマーサクセスにコミットできない、というものがあるでしょう。クリエイターによってスマホやタブレットなど利用するデバイスの多様化、必要なコンテンツの多様化にサブスクでなければ対応しきれないわけです。

サブスクリプションは定額で使い放題、という「型」ですが、ある種の「思想」でもあるように思います。「王になるよりも、王で居続ける方が困難だ」というセリフをどこかで聞いた記憶があるのですが（シェークスピアだったか何かの漫画だったか…）、いわゆる垂直立ち上がりと言われる広告大投下で商品を売り切る、よりも、ずーっと使い続けてもらう方がよほど困難なはずです。今ではそれを達成し続けるためのメソッドはいろいろあります。ゴールド会員・プラチナ会員といった「バッジ」システム（ゲーミフィケーション用語です）、ポイント還元、適宜のレコメンドシステム、ユーザーレビュー、これらはデジタルテクノロジーが生んだものです。でもこれらのメソッドすらコモディティ化していく中、今後の成長のためには、ベゾスが言うように顧客が「これなしでは生きられない」ぐらい感じるところまで行かなければダメでしょう。

このサブスクリプションとカスタマーサクセスは非常に相性がいいです。というか、**カスタマーサクセスの思想なしでサブスクモデルは成立しないとも言えます。**サブスクリプションモデルはリテンションモデルとほぼイコールです。つまり、一度つかまえた顧客を絶対手放さないぞモデルだから、顧客のサクセスは何かを見極めてそこにコミットし続けないといけないわけです。サブスクモデルの弱点として、顧客が簡単に離脱できるというものがありますが、だからこそ「鍛えられる」んです。単品販売だと買った顧客が商品に対してどう感じているかはおおまかにしかわかりません。サブスクは常に顧客と繋がっているので、常に顧客の求める価値を知り続けることができます。

サブスクリプションというと映像配信サービスなどがまず頭に浮かびますが、映像配信サービスを利用する顧客の「成功」とは何でしょうか？　大きいのは「どんな映像も観られる」ですよね。Amazon Prime Videoでは、その中に「HBO」「スターチャンネル」から「dアニメストア」まで網羅されてます（今はHBOの『チェルノブイリ』がPrime会員は無料で観られます。何だか広告コピーぽくなりましたが…これは凄いドラマ）。これもジェフのヤツの（隙がなさ過ぎてちょっと腹立ってきました）思想から来るように思われます。登録者数は圧倒的のようです。Netflixは日本では調子を上げてきているようですが、グローバルでとうとう登録者増が頭打ちになったと聞きました。映像配信サービスはどこも「オリジナルコンテンツ」で差別性を作ろうとしていて、その文脈の中でNetflixが勝ってきたわけですが（『全裸監督』『ブラック・ミラー』といったエンタメ系から『ダイアグノーシス』といった医療系ドキュメンタリーまでとんでもなく幅広い）、アマゾンのカスタマーサクセス文脈に勝てないような気がします。上記の僕の推論が正しければ、アマゾンが発信するべきメッセージは「どんな映像も観られますよ」という網羅性ですよね。「こんなオリジナル映像が」とやっていてはNetflixに塩を送ることになります。実際そういうコミュニケーションをしていますがさすがのジェフもそこまでは目が届かないのでしょう。

ＩＴ系サブスクは顧客が増えても製造ラインを増やすとか店舗を拡張するなどの限界費用がかからないのが有利と言われていますが、僕はそこは大きなポイントではないと思っています。サブスクモデルはＩＴ系に限ったモデルではありません。美容院などいろんな業種で始まっています。月額３千円で毎日１皿食べられるカレー屋さんも登場しました。ルンバも月額制を始めました。資生堂もオプチューンという月額１万円のサブスクモデルを展開始めましたね。探したり選んだり相談したりすることなくアプリの分析で最適なスキンケアを提供するものです。「サブスクモデル」と「定額モデル」は似て非なるものです。データであれ店頭の対面であれ、サブスクモデルとは顧客の求める価値を常に知り、それによってサービスを変化させていくモデルと考えるべきでしょう。ＡＯＫＩホールディングスの「suitsbox」はスーツのサブスクですが、半年で終了しました。その最大の理由は求められるバリエーションが揃えられなかったなど、カスタマーサクセスの十分な把握不足と言えるでしょう。僕の定義ではサブスクではなく単に定額モデルとなります。

サブスクリプションとは思想ではないか、と言いましたが、別に定額でなくとも顧客の求める価値をチェックしながらずっと使い続けてもらう事業は全てサブスクモデルと言っていいように思います。コンビニなどもそこに入れていいと思うんです。一章で触れたQRコード決済をスマホにインストールした人にとって、コンビニでの「成功」とは何でしょう。「どのQRコード決済でも使える」のはずです。ところがセブンイレブンはどこも一切使えない、としたあげく、セブンペイであの不始末…。二段階認証の煩わしさにフランチャイズが抵抗したためと聞きますが、これは自分の事情優先と言いますか、カスタマーサクセスから最も遠いコンビニになってしまっているということで、どーも最近のセブンイレブンはおかしいなあ……と心配になります。まあ僕の贔屓のコンビニはポプラなのですが……。

一章でマーケティングとは価値創造である的な話をしましたが、その「価値」の捉え方が変わってきているということです。従来の商品売切り発想では、生活者の中に生じた価値は買った瞬間に固定されますが、サブスクモデルでは申し込んでから価値が変化していくのです。例えば僕は10ヶ月前ぐらいから1日のうち1食をスムージーに置き換えるスムージーダイエットをしてますが、ファンファレという会社のものを利用してます。理由は柔軟性です。スムージーがなくなりそうになると次の発送を早めるとか、発注の仕方が細かくできるんですよ。1日だけでもスムージーがないと太っちゃう気がするんで、有り難いんですよね。もしこれがサブスクではなく売切り型商品だったら、どれが効果ありそうか、の印象だけで選んでたでしょう。しかしどの会社のスムージーが効果高いかなんてわからないし、そんなに差はないはずなので、サブスクモデルとしてはこういったところが効いてくるわけです。もし柔軟性で他社が上回ったら、ファンファレは別の価値を生み出さなければいけません（さて気になるダイエットの結果は？……5kg減！）。

そういった変化はサプライチェーンのあり方などにも及んで来ることとあるでしょうから、事業の方向性とシンクロします。だから、マーケティングを司る者としてはそこまで上流を押さえなければならないのだ、ということです。

では、そもそもビジネスモデルとは何か？　そこをちょっと押さえておきましょうか。

商品は優れていても、ビジネスモデルで負けていないか

商品のコモディティ化が問題視されていますが、これは今に始まった話ではありません。昔から「どの会社の商品も代わり映えしない」というのはあったわけで、企業は競争を勝ち抜くためには「商品力」だけじゃ足りない、「ビジネスモデル力」が必要なんだと確信するようになります。おそらく歴史上最も有名なのは**「ジレットモデル」**でしょう。髭剃り屋のキング・キャンプ・ジレットさんは、髭剃りは「柄」と「刃」に分解できることに気づきました。そして、「柄」をタダで配り、「替え刃」を販売して儲けるやり方を思いついたのです。これ、天才的なことですよ。だって、ハサミも柄と刃でできてますけど、これをバラそうなんて考えたことあります？　剃り方、つまり商品力は他と同じでも、ジレットはこれで大儲けをし、世界一の髭剃りメーカーとなります。

ジレットモデルはいろんな商品に転用されていきます。わかりやすい例で言えば、家庭用ゲーム機がそうですよね。ハードは最初赤字でも（これは普及につれてじわじわ黒字化していきますが）ソフトで収益を上げればよいと。PlayStation2は大成功だったと皆さん思われているようですが、それはちょっと違います。装着率という言葉がありまして、ゲーム機1台あたりに何枚ソフトが買われているかという数字ですが、ＰＳ２は初代ＰＳの約半分なんです。ＤＶＤの映画なども観られるようにしたために、そっちに流れたんじゃないでしょうか。そして、いくら映画ソフトが楽しまれてもそれは収益になりません。なので、ビジネス的にはＰＳ２は失敗機と言えるのです。

プリンターもそうですね。ハードの価格は抑えてインクで儲ける。このモデルはどこかのインク屋さんが純正より安い互換インクを発売し始めると崩れます。なので今のプリンターは純正以外のインクでは変な色で出力される仕様になっているという噂もあります。

「実はここで儲けてる」というやり方は全てジレットモデルの亜種かもしれません。Googleを利用するのはタダだけど、利用データを元に企業からマネタイズをしています。これも亜種と言えば亜種かなと。iPhoneはアプリを格安で提供してハードで収益を上げています。これはジレットモデルを逆にした「逆替え刃モデル」と呼ばれること多いですが、半分間違ってます。Appleの決算書を見ると確かにハードが巨額利益の中心ではありますが、サービスが2桁成長しています。つまりハードでもサービスでも利益の出る成長モデルを確立したわけで、そのためにティム・クックさんはジョブズさんより経営者としては上だと評価されています。このモデルは「SaaS Plus a Box」などと呼ばれ始めているようです。

僕ら広告業界人がお世話になって来た、広告スポンサーからお金をもらってメディアの利用料はタダにしよう（TV、ラジオとか）、安くしよう（新聞、雑誌とか）というモデルは米国CBSのウィリアム・ペイリーさんがラジオで始めたものです。しかし今は映画も音楽も利用料を払うモデルが台頭してきてますよね。これは新しいテクノロジーの出現によるものです。封印された魔王がたまたまの地殻変動やらで復活するように、古くなったと見做されているビジネスモデルも思いがけない新しいテクノロジーによって復活する機会があるってことです。PS2にはインターネットに繋がる端子があります。実はその頃から映像配信サービスの端末機になろうという構想があったんです。しかし、日本のネット環境は予想より大幅に遅れて当時はナローバンドのまま。もしブロードバンドが普及していたら今頃ソニーがNetflixになっていたかもしれません。逆に、早過ぎたんです。

ちなみにビジネスモデルの元祖ジレットは、ダラー・シェイブ・クラブというサービスに脅かされ始めています。このサービスはとにかく激安な替え刃が定期的に送られてくるD2Cのサブスクモデル。Promotion は創業者自らが「OUR BLADES ARE F**KING GREAT」という強烈なメッセージを放つ動画をYouTubeで流し、2500万回の累計Viewe数を獲得。そして、会員を獲得した後も最適なタイミングで最適なコンテンツを露出し続けて離脱防止します。D2Cはスケールしないと言われていた常識を覆し、ユニリーバが10億ドルで買収しました。

「BaaS（Business as a Service）」もかなり重要なビジネスモデルです。これは製造業からサービス業への転換を意味するもので、世界で最初にやったのは工具メーカーのヒルティと言われますが、工具の代金と修理や交換などのサービス料をコミコミの定額制にしたんです。このやり方、つまりモノを売って収益を上げて終わり、ではなく、売ってからのサービスで収益を上げるモデルへの転換でV字回復を果たした代表例としてはゼロックス、IBMなどが挙げられます。トヨタも「MaaS（Mobility as a Service）」企業へ路線変更を図っているようですが、これもＢａａＳの一形態と言えるでしょう。テクノロジーの進化とともに「所有からシェアへ」が簡易になってきたこともあり、また、少子高齢化で売切りモデルの力が弱まってきていることもあり、ＢａａＳに舵を切る企業は増えていくでしょう。今後そこで成長していくためにはカスタマーサクセスとサブスクモデル（リテンションモデル）の理解が欠かせません。

ところで「ビジネスモデル」についてもう少し精確に説明しますと、ジレットモデルは狭義のビジネスモデルです。「柄をタダにして替え刃で稼ごう」とアイデアを思いついても、具体的にどうやって生産するのか、どういうチャネルで供給するのか、どうやって集金するのか、といった全体がうまく機能して初めてカタチになるわけです。この全体が広義のビジネスモデル。「柄をタダにして替え刃で稼ごう」というアイデアはその中のどれか一要素ということになりますが、これが最重要なコアであることは間違いありません。なので、このアイデアをビジネスモデルと認識してもさほど問題ないように思っています。

コモディティ化の世界の中でビジネスモデルが超重要、というのは間違いのないところで、商品力が優れていてもビジネスモデルで負けてしまいます。ずいぶん前ですが、TOTOの企業スローガン開発をしました。それまでTOTOは水回りの会社だったわけですが、リフォームの会社になろうと（彼らは「リモデル」と呼んでいました）。これからは「生活環境企業」になるんだ、というVisionを掲げ、リフォーム会社と事業提携するなどして過去最高の収益を叩き出しました。その後、僕はクリナップの仕事をするようになります。クリナップの商品力は素晴らしく、僕の自宅はシステムキッチンもシステムバスもクリナップです。キッチンには毎年イノベーティブな工夫が加え続けられてます。ところがあまり業績が芳しいという話は聞きません。ビジネスモデルが旧来型からなかなか脱却できない、というのが主な理由ではないでしょうか。顧客はシステムキッチン台だけ取り替えるのではなく、キッチン空間全体をリフォームしようと思うのです。だから、LIXILやTOTO、Panasonicといった総合リフォーム力をビジネスモデルに転換した企業が有利なのでしょう。

少なくとも日本においては検索の商品力で言えばYahoo!が勝っているように思えます。たとえば「雨雲」を検索するとGoogleでは雨雲とは何かという「サイト」がリストアップされますが、Yahoo!では雨雲レーダーという「機能」が使えるようになります。検索というもののコンセプトが進んでいるのです。また、Googleマップは実際に自動車が進入できないような狭い道も含めて道案内することがありますが、Yahoo! は日本ローカライズが緻密で、そういう失敗が少なくなっています。もともと先行していた Yahoo! が Google に追い越されたのはポータルサイトの広告で収益を上げようとした Yahoo! に対し、検索ワードの入札とサイト価値をうまく絡めて収益を上げようとした Google のビジネスモデルが有利だったからです。そしてスマホ時代に入ると、Android という OS を押さえることで、立ち上げるとすぐに Google の検索窓が出て来ます。ポータルサイトというものが陳腐化されてしまったわけで、いかに強い商品力を持ってしてもこれをひっくり返すのは至難に思えます。

テクノロジーが新しいビジネスモデルを閃かせる

今後はマーケティングとカスタマーセンターの結びつきが重要になって来るでしょう。顧客とのチャットや電話のやり取り、WEBサイト上のデータだけではなく、イベント・セミナーの開催、ウェビナー（WEB上のセミナー）運営、ユーザーコミュニティ運営、アンバサダー制度推進、などなどを通じて顧客を深く理解しなければカスタマーサクセス・マーケティングの元ネタができません。今後は二章で触れたＣＣＯ（Chief Customer Officer）がそれらを仕切るようになるかもしれませんね。

このような試みを現実化させるために欠かせないのがテクノロジーです。いくら顧客の成功とは何ぞやをブレストしても頭の中で考えた仮説の範疇を出ません。顧客が商品をどう使い、そこからどんなベネフィットを得ているかを深いレベルで理解し、本当は何をもって「成功」と捉えているのか、これを精緻に摑み続けるシステムがなければカスタマーサクセスはむしろ害になる可能性があります。なぜなら、そういったことをしっかり捉えないでマーケティングを始めても、最初はある程度成功してしまうからです。ある程度時間が経って、顧客が離脱し始めた頃、「もしかして的を外したか?」と気づくことになるわけです。

なので、最初の慎重な調査と、ターゲットインサイトの常時データ化にケチってはいけません。先述したチャットセンターのベンチャーですが、そこが開発している、最初はＡＩと会話して途中から人に切り替わるハイブリッド型チャットボットのメリットはいくつもあります。カスタマーセンターのオペレーションの負荷が下がる、成約率が数倍に跳ねる、人の育成の時間が従来の数分の一ですむ、1対1の電話応対に比べてストレスが減るので離職率が極度に下がる、キャリアパスの仕組みが作りやすい、etc.。しかし僕が最も興味を持ったのは、顧客とのやり取りがテキストデータとして蓄積されるところです。これも先述しましたが、そこを分析すると、顧客が何に不満を感じていて、何に満足していて、何を成功と捉えているのかのいわばＩｏＣ（Insight of Customer）が精緻に摑めるはずです。前掲のBOTANISTはＳＮＳを活用したインフルエンサーマーケティングでシェアを拡大していきましたが、「KIYOKO（キヨコ）」と呼ぶＡＩ予測システムを独自に開発したと発表しています。キヨコはＳＮＳ上にあるビッグデータから生活者の興味やトレンドを把握・分析するツールですが、大手メーカーはこれまでそういった分析を外部委託してきました。今後は自社内でリアルタイムでターゲットインサイトを摑み、さらなるヒットに繋げるのが定石になるということです。

新しいマーケティングやビジネスモデルと新しいテクノロジーはニワトリタマゴのようなものに見えるかもしれません。新しいマーケティング、ビジネスモデルを現実化するための要請として新しいテクノロジーが望まれるのか、新しいテクノロジーの登場によって新しい思想やモデルが生まれるのか。これは前著でも書きましたが、現代はテクノロジーオリエンテッドです。人間には生物学的な遺伝子以外にも「ミーム」という文化的遺伝子を残そうという習性がある、という概念を提唱したのはリチャード・ドーキンスさんですが、テクノロジーにも自ら子孫を残そうとする意思があるという論があり、それは「トリーム」と呼ばれます。新しいテクノロジーによって我々のライフスタイルは良くも悪しくも振り回され続けますが、経営も同様です。

前掲のAWSとは、クラウドにパワフルなCPUを用意しとくから手元のデバイス能力は弱っちくてOKよ、というものですが、このようなクラウドコンピューティングが登場したことによって音楽サブスクリプションが可能になりました。新しいテクノロジーが新しい思想やモデルを閃かせるのです。次世代ゲームの多くも手元のゲーム「機」は非力で構わないクラウドゲーム「サービス」に舵を切っています。そしてクラウドコンピューティング各社は量子コンピュータの導入を発表。そうなるとそこからどんなビジネスが誕生するのか、どんな世界になるのか、もはや自分には想像がつきません…。

マッチング技術によっていろんなサービスが登場しましたが、たとえばUber Eatsはイタメシ屋のピザを届けてくれますから、既存の宅配ピザは一気に存在意義がなくなります。また、宅配ピザが成長するためには店舗を増やさなければならず、そのためのコストが必要です（限界費用）が、Uberはクルマも人も自前で用意しなくていいので限界費用という概念がほぼなく、ビジネスモデルとして圧倒的に優位です。そうするとUberのモデルでも追いつかないような、宅配ピザの新しい価値を生活者の中に生じさせる作業をゼロから始めなければなりません。マーケティングのやり直しです。

このようにして、**マーケティングはテクノロジーと歩調を合わせなければならない**のです。戦後あたりから哲学者の間で提唱の始まった「アクターネットワーク理論」が今に来て脚光を浴び始めています。社会を作るのは人と人の関係だけではなく、非人間も自然も全ての要素（アクター）のネットワークなのだと。テクノロジーは生活者のニーズなどお構いなしに進化を続けますから、ますますいろんなアクターの関係性を注視する時代になって来ているということです。

WOWOWはいくらPromotionを展開しても加入者のほとんどが離脱する状況に追い込まれていました。これを防ぐ話が面白かったので紹介します。まず「解約防止部」という部署を設けた。彼らがまずやったのは、離脱する人を解約理由によってクラスター分けすること。解約理由は加入してからの期間によって異なることがわかったので、加入期間に応じて異なる内容のDMを送り分けた。無料期間が終わると解約する人たちはどうにもならないので、無料期間施策をやめたが、加入者数に影響はなかった。さらにカスタマーセンターの膨大なデータを整理し、解約電話が入るとオペレーターがどう対応するかの策が表示されるデータベースを作った。そして解約率を激減させた。実は、これは10年以上前の話です。ここまで成し遂げるためには「とんでもない汗をかく」必要があったと思いますが、今ならテクノロジーによってその100分の1ぐらいの労力でできるんじゃないでしょうか。

要は、やるかやらないかなんです。いくらテクノロジーがあってもそれを「こう使おう」という考え方が企業になければ意味がありません。そして、錯覚してはならないのは、新しいテクノロジーの恩恵を享受するのは自分だけではなく、他の企業から生活者、社会システムなど全てに及ぶということです。ユーザーのライフスタイルが変化することによってこれまでのニーズがなくなったり新しいニーズが生まれたりしますし、思いもしなかった企業が強い競合として突然登場したりします。そういったあらゆる変化に即対応するということは、新しいビジネスモデルと新しいマーケティング思想を即採用することと同義になるのです。「デジタルトランスフォーメーション」とか、「顧客体験マネジメント」とか、いろんな言葉が乱れ飛んでいますが、それらは全てこの図式の中に収まるように思います。

「新しいテクノロジー×新しいビジネスモデル×新しいマーケティング思想」

そして今、最も収益に繋がりそうな図式が、

ターゲットインサイトをデータ化するテクノロジー×サブスクリプションモデル×カスタマーサクセス思想

ということです。

今、とある新事業の立ち上げをお手伝いしていますが、もともとは単品小売りモデルだったのをカスタマーサクセス型のサブスクリプションモデルに切り替えてもらいました。そして、そちらの方がずっと勝機が見えます。

ビジネスモデルをサブスクに切り替え、マーケティング思想をカスタマーサクセスに切り替えると、マーケティング全体が大きく変わることになります。一章で4Pについて述べました

が、4Pの内容もこれまでのイメージから様変わりするでしょう。Product はもはやモノではなく、「成果」となります。「成功を売る」という発想です。アドビの例で言いますと、Place に関してはもはやパッケージは必要ないので流通チャネルの必要性すらなくなります。パッケージのコストが要らなくなればPrice も下がることになります。Promotion は、モノがターゲットに生じさせる価値を伝える、から、ターゲットの成功をコミットする、に進化していきます。

「コミット」と言えばRIZAPですが、RIZAPはまさにCMでターゲットの成功にコミットすることで急成長しました。日本におけるカスタマーサクセスPromotion の元祖と言っていいかもしれません（ただその後いろんな事業に手を出して業績不振に陥るのは自分たち自身が本質を把握してなかったのではないかと……）。

そしてこれは、三章で説明したミドル・ファネルのクラスター分類に繋がります。現状、クラスター分類はデモグラや属性によってなされますが、今後はその商品やサービスによってどういう成功を享受したいのか、によってなされることになります。先ほどのアビタスの例なら、USCPAを習う人の成功は様々なはずです。良い条件での転職もあれば、キャリアアップ、海外での活躍、不透明な時代への備え、純粋な自分力向上、これら全てに細かくコミットしなければいけません。その方がいいに決まっていますが、そういったことが今までできなかったのは、マスという単一訴求メディアしか打ち手がなかったからです。ＷＥＢという新しいテクノロジーを使えば新しいマーケティングが可能になるのです。

ひとつ注意事項を。新しいテクノロジーを採り入れるには、採り入れるための負荷がかかります。新しい家電や新しいソフトを使う時、マニュアルを読んで慣れるまでが大変なのと同じです。何千万円ものツールを導入しても、そこに貼り付けられる人のリソースがなくて結局はホコリが被ったまま、という事例をよく耳にします。魅力的に感じられてもすぐ飛びつかず、現状の体制で実際に使いこなせるのか？　を厳密に判断してください。

このないだ、契約クライアントの役員から「小霜さんはサブスクモデルに切り替えたんですねえ」と言われたんですが、「正確にはカスタマーサクセス型のサブスクモデルですよ」と答えました。僕のアドバイザリー契約の内容としては、月に何回程度定例会議に出席する、ぐらいのものです。でもそれだけではクライアントのサクセスにコミットしたことにはなりません。だから契約のスコープ外だとしても、オリエン作成の手伝いはもちろん必要に応じてエージェンシーと打合せしたり、調査や撮影、編集など現場に立ち会ったり、時には自分で企画までします。有益と思われるパートナー企業を紹介したりとかも。それで必ず成果に結びつけます。効率の悪い仕事のやり方に感じられるかもしれませんが、今のところ小霜史上最高の収益を更新しています。エージェンシー側のCDをやっていると、企画書をまとめるだとかコンテを作るだとか、「作業」にすごく時間を取られるんです。その中には僕が手を動かすまでもないものもたくさん入ってます。そこは任せて、要所だけに手を付けるやり方が結果的に効率いいんでしょうね。

この章で取り上げた考え方は、企業だけでなく個人にも応用でき、いつの間にか社会に浸透している感もあります。意外なところではレンタル彼氏とかもそうです。最近は弁護士業もなかなか苦しいみたいで、丸の内の法律事務所から弁護士個々のプロデュースをサポートできないかという相談がありました。刑事系ではなかなか難しいと思われますが（何度も刑務所とシャバを出入りしている人たちが顧客なら別でしょうが）、企業法務系なら上記のモデルは十分フィットするはずです。これから個人から企業へ逆輸入的に広がるようにも思えますので社長はぜひ先取りしてください。

第六章のおさらいと用語解説

❖ カスタマーサクセスとは

事業の成長のためには顧客の成功にコミットし続けなければならないという考え方。重要なのは顧客も気づいていない課題を抽出すること。成功に導くことで、LTVの最大化を目指す。

❖ サブスクリプションとは

一定期間、商品やサービスを利用することに対して対価を支払う方式。ずっと使い続けてもらう事業は、顧客のサクセスにコミットし続ける「カスタマーサクセス」との相性がいい。

❖ビジネスモデルとは

事業で収益を上げるための独自の仕組み。ここを押さえておかないと、Promotionで短期的に顧客を獲得できても、中長期的には事業が続かない場合がある。新しいテクノロジーによって新しいビジネスモデルも生まれている。

❖新しいビジネスモデルとマーケティング思想を即採用する

新しいテクノロジーの恩恵を受けるのは、自社だけでなく、社会全体に及び、ライフスタイルの変化や、思いもよらない競合が登場することもある。そうしたあらゆる変化に対応するということは、新しいビジネスモデルとマーケティング思想を採用することと同義だ。

❖カスタマーサクセス型のサブスクモデルにおける4P

Productは「成功を売る」発想に。Placeは流通チャネルがいらなくなるケースもあり、Priceはパッケージがいらない分下がり、Promotionはターゲットインサイトをデータ分析し、クラスターごとの「成功」にコミットした内容になる。

社長マーケティングに重要なキーワード

❖ 垂直立ち上がり

新商品の上市やリニューアルに合わせて広告を大量投下すること。売切り型の収益モデルにおいて機能する。

❖ デジタル・ディスラプション

主にスタートアップ企業が、新しいデジタルの仕組みを採り入れて、既存業界の価値を下げること。ディスラプションは、英語で「崩壊、破壊」の意味。

回り道コラム⑥

ＧＡＦＡ、ＧＡＦＡと言いますが、経営者として注目すべきは彼らよりもＢＡＴであると思っています。バイドゥ、阿里巴巴集団、テンセントの中国ＩＴ御三家。今後、ＢＡＴはＧＡＦＡをどんどん追い越していくと予測します。例えばＡＩスタートアップの資金調達額ではすでに数年前から中国は米国を抜き去っています。モバイル決済の普及率も圧倒的。それに、信用スコア。信用スコアによって受けられる医療の質が変わるなんて、民主主義国家では考えられませんよね。トランプさんがファーウェイ製品を禁止したり関税戦争を仕掛けたりあの手この手で中国潰しに躍起なのはそれほど中国を恐れていることの証でしょう。

ＧＡＦＡの拠点は民主主義国家なので民意に影響されます。彼らの拠って立つところは「データ」ですが、それが勝手に取りにくくなる流れです。自動運転も大きな事故が起きれば問題化して頓挫を余儀なくされるでしょうし、人工知能も間違った判断が何らかのアクシデントに繋がれば廃止論が巻き起こるでしょう。もちろん、それが民主主義の良さでもあるのですが……。中国は国家が「やる」と決めたらそのまま突き進んでいけるので、テクノロジー開発天国です。エストニアがＩＴの実験国家として注目されていますが、やはり人口が小規模だから成り立つところが大きいように思えます。

今後、中国は新テクノロジーの巨大なテストマーケティング国になっていくと思われます。実は、知財について遅れていることも逆に強みになっているのです。ライセンスを調べて出願して…という手間を省いて新サービスを出しまくるので、シリコンバレーもそのスピードに全く追いつかないと言います。多くの日本人は知らないかもしれませんが、キャッシュレス化もｅコマースのセールも阿里巴巴集団が成功させたことの単なる真似に過ぎません。さらにクラウドコンピューティングでも「アリババクラウド」はＡＷＳ、Ａｚｕｒｅに次ぐグローバル3位。クラウド・ＥＣカテゴリーの最高位スポンサーとしてＩＯＣと契約、２０２０年のオリンピックでも東京中のデータ分析をまかされています。

僕は大学生の息子に「卒業したら阿里巴巴集団に就職しろ」と言ってます。今後は転職や起業も視野に入れて就職先を決める時代だと思いますが、履歴書に「〇〇で働いていました」と書かれていた時、「〇〇」にどんな社名が載っていれば転職市場で最も価値が高いか。息子は素直に僕の言うことを聞くので「わかった！」つって中国語勉強してます。これまで中国は優秀な若者をシリコンバレーに送り出して、そこで得た知見を逆輸入してきました。その逆が始まるだろうということです。一点気になるのは創業者のジャック・マーさんが退任してしまったということですが……。

第七章
不買運動が
起きてます！

「今すぐ企業がビジネスモデルの変革に踏み出さなければ、ビジネスが持続不可能の世界が訪れる」。

いやはや大変な時代になって来ました。国連によれば、このままのやり方を続けていくと企業そのものが存続できなくなるというのです。２０３０年までに達成すべき社会課題解決の目標として２０１５年にＳＤＧｓが採択されました。持続可能なビジネスを続けるためにはこの17のゴールを守るように、と。このＳＤＧｓがこれまでの環境宣言と違って大きなインパクトを持っているのは、企業を巻き込んでいるからです。これまでの主体は政府・自治体のパブリックセクターとＮＧＯなどソーシャルセクターの２者に限られていたところ、ビジネスセクターも主体となり、３者で資本主義の方向性を変えていこうというものだからです。

たとえば今プラスチックゴミが問題になってますよね。死んだ鯨の胃袋がプラスチックだらけだったとか。その対策としてレジ袋の有料化、ペットボトルリサイクル化のさらなる促進、マイボトル用給水器設置、食品包装やストローのバイオプラスチックへの置き換え、といった方向で進んでいますが、それらを１００％達成したとしても完全な解決には至りません。最も大きな問題は、プラスチックは細かくなればなるほど有害な化学物質を吸着させる性質があるってことで、これが海に漂うと魚やそれを食べた鳥などから食物連鎖で人間に戻ってくるんです。人体への影響はまさに様々なものが挙げられていますが、最近では不妊症の増加や精子の数の低下の原因であるとの研究もあります。化粧品の中にはすでにマイクロプラスチックが配合されてますし、たとえば皿を洗うスポンジだって使っているうちにマイクロプラスチックをボロボロ排出するものもあって、最終的にはそういう商品を終売させるか改良しなければならない、という局面に至ることになります。つまり地球上の社会課題解決は企業の問題に行き着くということです。大阪のG20で2050年までに海へのプラスチック流入をゼロにするという「ブルー・オーシャン・ビジョン」を発表しましたが、そのための具体策は何もありません。国や自治体の旗振りには限界があって、ここから先は企業がやるしかないってことです。

僕んとこのような零細企業にも最近、「東京都産業労働局総務部企画経理課企画担当」から「都内企業等におけるSDGｓの認知度・実態度に関する調査」なる封書が届きました。「誰一人取り残さない社会」とかが強調されていて、義務感アリアリなんですよね。おそらくこれを発送した担当者も上からのプレッシャーによる義務感でやってるんじゃないかなあと想像するのですが……。私見ではヘタに自治体が旗振らない方がいいと思います。自治体の言うこと聞いてればいいってなっちゃいそうなので。それは間違いで、企業は自分で考えろって首にナイフを突きつけられてるんですよ。簡単に言うと、「CO_2吐き出し続ける企業は、どこかでストップかかることになるよ？ そしたら企業終わっちゃうけどいい？」「子どもに教育も与えないで働かせるような企業には投資されなくなるよ？ そしたら企業終わっちゃうけどいい？」みたいなことです。サプライチェーンが寸断される、生産性が低下する、消費が縮小する、政治的リスクが増大する、マーケットの動向がハチャメチャになる、税金負担が上がり続けて死ぬことになる、よ？ と。これは先々の話ではなく、今現在起きているものです。

ただ、こういった社会課題への対応が企業に求められる時代は、企業にとって暗黒時代であるわけではありません。**視点を変えれば、むしろ成長の新しい種が増えたとも言えます。**ここを逆手に取れるかどうかが今後の成長に大きく影響するとも言えるでしょう。この章ではそのお話をしたいと思います。

ＳＤＧｓはイケてる

２０１９年1月、カリフォルニア州の電力会社ＰＧ＆Ｅが破産しました。過去最悪と言われる山火事で巨額債務を抱えることとなったからです。一方、低炭素市場だけでも今後２兆ドルを超える収益を企業にもたらすという試算もあります。なのでＳＤＧｓは外圧として捉えるのではなく内発的な動機にして今後のグローバル経済が発展し続けるように皆で知恵を絞ろうぜ、というハッパがけと共に、最終通告のニュアンスも感じます。

２０１８年は日本企業にとって「ＳＤＧｓ元年」とも呼ばれたものの、「関心あり」に留まる企業が半分を超えたぐらいで、具体的に経営に取り込んでいる企業はまだまだ少ないようです。僕のお付き合いのあるベンチャー企業が、人間の感知できる匂いを立体マップでデータベース化、それらを組合せることでこれまでよりも匂いを自在に操れる技術を持っています。彼らが取り組もうとしているのが「ゴム」業界です。ゴムの加工って鼻がひん曲がるぐらい臭いそうなんですが、地域によって臭さに差があると。インドネシアのゴムはまだマシってことで大手タイヤメーカーはそこのゴム園から原料を調達してます。スリランカのゴムは作業ができないぐらいのもので、全く手つかずだそうなんですね。でもその企業の技術を持ってすれば匂いをなくせるので、タイヤメーカーは安価に原料を調達でき、無理な森林伐採を行う必要もなく、現地の雇用を確保できる。新しいイノベーションによって。これこそSDGs精神の具現化と思うのですが、日本のメーカーにはその話を持っていける適切な窓口が存在しないのです。

SDGsを俯瞰的な視点で見れば、「幸せ」と「成長」の関係を再定義しようという全人類の挑戦とも言えます。企業に問うているのは、**「社会課題解決を収益に繋げられるビジネスモデルを作れるか？」**ってことです。それはいわば、競争社会における勝ち方の再定義でもあります。企業にとって収益性の向上と社会の毀損はバーター関係でありました。そのやり方で勝ってももう勝ちとは見做さないよ、経済価値と社会価値を両立することが勝ちなんだよと。

大義を別としても企業としてこれに本気で取り組むべき理由が2点あります。1つは、それをやらない企業は大口投資が受けられなくなる可能性が高い。**もう1つは、それをやらない企業の商品やサービスは利用されなくなる可能性が高い。**です。

日本でも「ＳＤＧｓアクションプラン２０１９」を策定し、「Society 5.0」の推進、強靱かつ環境に優しい地方創生、次世代・女性のエンパワーメント、の3つを軸に政府がＳＤＧｓを推進しています。ちなみにSociety 5.0は内閣府が主導する科学技術政策で、「仮想空間と現実空間を高度に融合させたシステムにより、経済発展と社会的課題の解決を両立する、人間中心の社会」という定義です。

狩猟社会（Society 1.0）、農耕社会（Society 2.0）、工業社会（Society 3.0）、情報社会（Society 4.0）の次の社会ということですが、「○○社会」の○○に入るいい言葉が見つからなかったようで……（僕は「コネクテッド社会」が正鵠を射た表現ではないかと思っています）。しかし日本ではＮＧＯの力が弱いこともあってか、ＳＤＧｓをタテマエとして捉えている企業が多いように感じます。スーツに17色のバッジを付けて「いちおう気にしてますよ」という姿勢を見せとけばいいんじゃないの？　と。ここには、「ＳＤＧｓをどうマーケティングに繋げればいいかわからない」ということもあるんじゃないでしょうか。前述したようにマーケティングとは顧客創造のためのメソッドです。ＳＤＧｓに取り組むことで新しい商品価値を顧客の中にどう生み出せばいいのか、ひいては新規顧客をどう生み出せばいいのか？　そこの繋げ方がわからない、なので取りあえずやる気あるよという姿勢だけ見せとこうかと。

でも僕は声を大にして言いたい。**ＳＤＧｓには本気で取り組むべきです。**特に気候温暖化はこの10年が勝負で、これを逸するともはや歯止めがかからなくなるといった人道上の理由もありますが、マーケティング視点に限っても意義があります。なぜか？　単純に言えば、ＳＤＧｓを守りながら収益を上げる企業は「イケてる」と思われるようになるからです。ＳＤＧｓやその具体的なメソッドであるＣＳＶ（Creating Shared Value）と、ＣＳＲ（Corporate Social Responsibility）の区別が付いていない企業は多いです。「売上げの一部をアフリカに寄付しとけばいいんじゃないの？」と。そういう企業はもう「イケてない」んです（もちろんアフリカの人たちは助かると思いますが……）。これは僕の主観ではないですよ。データに基づいて言っているのです。イケてない企業の商品なんて欲しくもないし、サービスを使いたくもない。同じ内容ならイケてる企業の商品を持ちたいじゃないですか。これはもう、単純な広告投下では解決できないものでもあります。そして、「イケてる」の感覚は僕らオッサン世代と、今後の経済を担うミレニアル世代以下でどんどん変わっていってるんです。

誰かを変えるCSR、自分を変えるCSV

まず企業に要請されたのがCSR（企業の社会的責任）。これは企業も「社会的義務」を果たさなければいけないという考え方で、要は金のなくなった行政の肩代わりです。「売上げの1％をアフリカに寄付します」ってヤツですね。ただこれは2つ問題がありました。1つは、やればやるほど金がかかるってことです。企業も多くが赤字に陥ってる中で、アフリカのことまで面倒見られんよと。もう1つは、やっても何の得もしないってことです。米国の調査で、CSR活動と企業へのリスペクトには何の相関もないことがわかったんです。この時期のCSRのマーケティング活動への落とし込みとしては、その企業がいかに寄付をしているかをイメージCMとして流すというものでしたが、寄付金も広告費も企業の利益にはならなかったわけです。CSRをやっちゃいけないってことではないですよ。サプライチェーンの見直しなど、世の中のためになることはどしどしやっていただきたい。ただ、イメージUPを狙って「売上げの1％を…」といったCMを打つようなやり方はもうカビが生えてますよってことです。

そこに颯爽と登場したのがＣＳＶ（共有価値の創造）。これは社会課題を企業成長の原動力にしようという考え方で、ハーバード大学のマイケル・ポーター教授らが中心となって提唱したものです。ある意味、ＣＳＲは「自分の力で誰かを変えよう」だったのが、ＣＳＶは「誰かのために自分を変えよう」であると言えるでしょう。

ＣＳＶの事例として以前から面白いなあと僕が感じているのはパン・アキモト。栃木のパン屋さんなんですが、神戸の震災時にパンを大量に寄付したものの、ほとんど腐ってしまったと。それで3年保存できる「パンの缶詰」という商品を開発しました。面白いのはここからで、それを震災用の備蓄食として企業や自治体に買ってもらうんですが、2年経つと新しいのに買い替えてもらい、古いのはＮＧＯに寄付するというサイクルを作ったんです。社会課題をサステナブルに解決し、収益にも繋げるというモデルです。栃木のパン屋さんですよ？　ＣＳＶの事例とかを検索すると、大企業が東北の農作物を使って復興支援とかそういうのばかり出て来るんですが（それはそれでいいことでしょうけども）、ＣＳＲとそんなに変わらない気がするし、アイデアで負けている気もします。

僕は無料広告学校を主宰してまして、現在12期目になります。始めた当初は「なんちゃってＣＳＲ」と呼んでました。広告業界を目指す若者たちに無料で知見を授けることが、ちょっとした社会貢献になるだろうと。ただ、応募者の背景が変化してきて、以前は「コピーライター目指してます！」だったのが、今は「全く広告と関係ない職種だけどクリエイティブ力を身に付けておくと役に立つはず」といった人が目立ってきてます。その中に、コピーライティングのセンスある人がいるんですよね。彼らの勤める会社が副業可ならコピーやネーミングの仕事を手伝ってもらう仕組みを作ったのですが、これが非常に僕の仕事の助けになり、クライアントにもウケがいいです。単純な社会貢献としての「無料」が、いつの間にかCSV的になってきたってことです。他にも障害者の社会復帰支援のお手伝いとかもやってますし、行政のコミュニケーションアドバイザー、業界内ではJAAに無償で協力してTV・WEB共通指標作りに取り組んでいます。これらは金銭的なリターンはないですが、やらなければ出会うことのない知識や経験、人脈が得られます。そういったものとの相乗効果で仕事の実力が膨らむわけです。中小企業や零細企業の中にまでCSV的なものが浸透している中で、大企業がただ調達先を変えただけで、収益構造を変えたわけでもないのに「CSVの成功事例です！」って胸張れるのかなあと。そこで満足しないでいただきたいものです。

ＥＳＧ投資で変わる企業の戦い方

もともと経済界は金融危機以降、ポスト資本主義を模索していました。そのタイミングもあってＣＳＶは世界中の経営者に一気に受け容れられ、２０１８年の世界経済フォーラムでの発表ではテクノロジー開発に次ぐ経営課題として認識されるまでになっていました。ユニリーバは２０１０年頃から早々にＣＳＲ部門をなくしてしまいましたが、ヘタにそういう部門があるとそこで寄付しとけばいいだろって企業体質になるからだと言います。企業全体の体質を変えなければいけないのだと。興味深いのは多くの企業でＣＳＶが顧客との関係性よりも経営的に上位に位置しているということです。

つまり、世界的に経営の命題が経済的価値創出と社会的価値創出を同等に行わなければならないというものになっているわけです。そのダイレクトな要因として大口投資家からの圧力があります。２０１８年に世界最大手の資産運用会社ブラックロックのＣＥＯがＳ＆Ｐ上場５００社に書簡を送ったのですが、高い業績を維持するためには事業が社会や環境に及ぼす影響に対する深い洞察に基づく戦略が必要であると。つまり、社会的課題を無視した短期的な視野しか持たない企業にはもう投資しないぞというメッセージです。これについては多くの資本家から同意の声が上がりました。

「ESG投資」という言葉もトレンドになっています。ESGとは環境（E）、社会（S）、ガバナンス（G）ですが、これら3つをしっかりやっている企業がこれからの投資対象だ、という世界的な投資家間の共通指標、と思っている経営者も多い気がしますが、それはちょっと間違ってまして、「E」と「S」を「G」に組み込んでいる企業がこれからの投資対象だ、ということです。羅列的にやればいいわけではなく、社会課題解決を経営に実装しないと評価しないぞってことです。日本でも世界最大の年金基金GPIF（年金積立金管理運用独立行政法人）が「国連責任投資原則」に署名し、ESG投資へと舵を切りました。この「国連責任投資原則（PRI）」は最低履行要件が定められていて、それを守れないと除名かつ名前を公表して世界的に吊し上げを食らうというキビシイものだったりします。これはもう揺るがせない潮流で、中小企業や自営業向けには「ESGローン」といった金融商品まで登場しています。

そこで企業の戦い方は以下のように変わって来ています。**まず、商品・サービスの普及が社会課題解決に繋がるのだというメッセージを発信し、投資家、政府機関、NGO、そして生活者の合意形成をする。その新しいビジネスモデルでマーケットのポジションを確立する。これを一過性ではない再現性あるサステナブルなものとする。**上記を達成するには中期経営計画では短過ぎるとし、長期経営計画を同時に策定する企業も現れていると聞きます。

このような流れの中から生まれてきた経営アプローチとして僕のようなマーケティングを担う者が意識すべきもので、**Zoom out/Zoom inアプローチ**があります。シリコンバレーのシンクタンクが提唱しているものですが、いわゆる「鳥の眼と虫の眼」です。長期目線と短期目線の両方をもっとちゃんと見ないとマズいよと。今後は10年超の視野で有望な経営戦略を策定することが重要だけど、テクノロジーは日進月歩で突然のインパクトをもたらすから、そこへの柔軟な対処を忘れると足元を掬われるぞというわけです。Promotionはいつも足元ばかりです。僕らも「この施策」でどれだけ数字が伸びたか、ばかりに「Zoom in」しているわけですが、長期視野での「Zoom out」を理解しておかないと、真に成長に繋がるマーケティングにはならないことになります。

Belief Driven

このように書いていくと、顧客との関係性はほったらかしになっているような気がするかもしれません。そんなはずはありません。顧客なくして企業の存続などあり得ないのですから。右記の一連が示しているのは、CSVを遂行する企業に顧客が付いてくると世界中の経営者が判断しているということです。米国のコンサル会社レピュテーション・インスティテュートの調査によれば、生活者による企業のレピュテーション、すなわち評価、好感度、信頼度などはCSR企業との相関性はほぼなく、CSVに力を入れている企業とは強い相関性があったのです。簡単に言えば、CSV経営をしている企業は「イケてる」と思われてるんです。

日本も含め、世界的に「**Belief Driven**」と呼ばれる消費者が増大傾向にあります。社会課題に対する企業の姿勢でその商品を買うか買わないか決める人たちです。パタゴニアはクリスマス商戦開始日のブラックフライデーに「DON'T BUY THIS JACKET」という、消費を抑える新聞広告を打ちました。商品を買うこと自体が地球資源の消費なのだから、慎重になるべきだという内容です。なぜそんな広告を打ったのかという問いに彼らは「自分たちはビジネスという手段で地球環境問題に取り組んでいるのだ」と答えました。パタゴニアの売上げはかえって伸びたそうですが、そこまで真剣に吹っ切って始めて「偽善じゃないか」のハードルを乗り越えて存続が認められるのでしょう。

プラスチックは数千種類あり、組成の異なるもの同士が混ざるだけでリサイクルできず破棄するしかなくなります。なのでプラスチックのほとんどはリサイクルできないのですが、全てリサイクルできるかのようなイメージを作ったのは米国の飲料業界であると言われています。ある意味、環境課題解決を企業から消費者に責任譲渡しようとしてきたわけです。そういったやり方に限界や欺瞞を感じ取る人たちが急増しているとも言えそうです。

日本人は海外に比べ身の回りの課題ばかりに終始しているイメージありますが、そうとも言い切れません。ＰＲ会社エデルマンが発表した２０１７年の調査ではすでに世界で57％、日本でも43％の生活者が「Belief Driven」となっています。そして、日本ではその半分が「社会課題への姿勢に共感した」という理由で企業の新規顧客となっているんです。最近は社会課題に絡めて話題を取る広告増えましたよね。心が経年劣化しきっている僕などからすると「あーハイハイ、そういうやり方ですかー」みたいなかんじだったりするんですけど、意外に売上げ伸ばしてるみたいなんですよね……ゴディバとか……。

考えてみると僕にもそういうところないとは言えないなあと。妻が国産車に乗ってるとあおり運転とか嫌がらせが多いと言うんで輸入車を乗り継いでるんですが、確かに今のマカンターボをあおるヤツはいない。でもどこかイケてない気がしてるんです。次はテスラのＳＵＶにしようかなと思ってます。イーロン・マスクさんは広げる風呂敷がデカ過ぎだろと思うこともありますが、世の中を変えてくれそうで応援したい気もするんですよね。リチウムイオン電池の炎上事故とか（余談ながら吉野彰さんのノーベル化学賞受賞理由はリチウムイオン電池の安全性確立です。さらに余談ながら僕の高校の先輩です）、直販制へのディーラー協会からの訴訟とか、数々の障害を乗り越えてがんばってますし。直近の、強度が売りの新車発表会では実演であっけなくガラスにヒビが入って赤っ恥かいたようですが……負けるなイーロン！　現行のＳＵＶは彼の風呂敷並みにデカ過ぎるので（そこはやはりアメ車）次世代のややコンパクトなタイプの発売を待ってるところです（ポルシェの担当がこれ見てませんように）。現在、世界の自動車メーカーはいつの間にかテスラに1周抜かされた状況になっています。ドイツ連邦議会は2030年までにディーゼル・ガソリン車販売禁止を決定。欧州各国も次々とこれに倣っています。欧州の自動車メーカーはただちにこれに反応、数年で全車EV化するようです。エンジンの戦いから土俵を変えるところに勝機を見出そうとしているのでしょう。

そもそも商品を買う、所持するという行為は、自己表明行為でもあります。エルメスのバッグを持ちたがる人は「エルメスのバッグを買えるぐらいリッチな私」と表明してるわけですよね。それが世の中から見て「イケてる」となればその商品は売れるでしょうし、「イケてない」となれば売れなくなります。**社会性にフィットする商品を所持したりシェアしたりするのが「イケてる」メインに来る時代は近い**と感じます。

海外では経営者の多くもそれに気づき始めています。ヨーグルトブランド「チョバーニ」の創業者ハムディ・ウルカヤさんのTEDスピーチは感銘を受けるものでした。彼は物語にアンチヒーローが必要なようにビジネスにもアンチCEOが必要と言います。潰れた工場を買った時最初にやったことは創業メンバーとペンキで壁を白く塗ることで、それ以外の考えはなかったと。それで連帯感が生まれ、優れた商品の製造に繋がったが、もしあの時「会社をどう大きくするか」といった話をしていても誰も付いて来なかったろうと。従業員全員に株を持たせ、移民・難民を3割にまで雇用し、CEOの説明責任は株主よりも生活者に対して行うべきとし、ヨーグルトのカップに自分の携帯番号を書くことまででした。彼は世の中をよくするのは政府じゃなく企業だと主張します。こういう企業が「イケてる」として支持されるのです。

次世代の動き

さらには、ミレニアル世代以下に「Belief Driven」の傾向が顕著に見られます。彼らが40代とかになってくると、その価値観が経済の中心になって来ます。しかも親世代からの資産相続も始まります。うちの子どもたちも、広告学校の若い受講生たちも、モノや金への執着はまるっきり感じられず、社会課題への関心は強いです（そんなんで生きていけるのか？と不安になるぐらい）。若いコピーライターにも「がんばって年収1億円目指すんだ！」と言うよりも「がんばって君のコピーで社会を救うんだ！」と言う方が燃えるんじゃないかというかんじはあります。関東で起きた台風による災禍（僕の義弟の家は屋根がブーメランのように飛んでいったそうです。飛び先が田んぼで被害は農家の米だけだったのですが、もし人を巻き込んでたらと思うとゾッとします）。それを上回る酷いことが今後は起こり続けるでしょう。そんな中で拝金主義に見える企業や人は軽蔑の対象になっていくのは間違いないと思うんです。「Belief Driven」な人たちは経営者の軽薄さを黙って冷ややかに見ているのです。

フォーエバー21が破産しアメリカンイーグルは日本撤退を決定しましたが、自ら製造から販売までやるSPAに取って代わろうとしているのがD2Cです。これはデジタルを駆使することでSPAをさらに効率化したものとも言えますが、**創業者個人の思いに共感して買われる、成長するのも特徴的です。**コスメブランド「Glossier」の創業者エミリー・ウェイスさんは1日中SNSでユーザーと対話しているそうです。日本では「こじはる」のファッションブランド「Her lip to」、「ゆうこす」の化粧品ブランド「youange」などもこれに倣ってかなり成功しているようですが、インフルエンサー型D2Cと呼ばれます。「ゆうこす」はSNSを「自分を主人公にしたストーリー」であると語っていますが、その個人のストーリーに共感した人が商品も支持するのです。生活者が感じる「価値」が変わっていて、企業の戦い方も変えていかなければならない例であると思います。D2Cに脅威を感じた大企業が1億ドルや10億ドルで買収する事例も増えています。このような企業に目を光らせて我が物とすることが大企業の生存戦略になっています。

そして今、**子どもたちが世界を動かし始めています。**スウェーデンのグレタ・トゥーンベリさんは15歳の時に登校を拒否して国会の前に座り込む「未来のための世界気候ストライキ」を始め、瞬く間に世界中に広がりました。彼女は地球温暖化への不安で鬱病になり、場面緘黙症などの不安障害も加わってまともな会話が難しいが、気候の話になるとハッキリと意見を言う。最近は国連の気候行動サミット参加のためにヨットでニューヨークに渡り、「How Dare You! 大人どもは何さらしてケツ嚙んどんねん（小霜訳）」と怒りの演説をしました。同じタイミングで400万人の若者世代がデモをし、その中には5歳の子どもも含まれていました。米国はパリ協定に反する政策を取っていると非難され、トランプ大統領も気候問題に関心がない、国連では宗教的自由の会合を設定するなどと明言していたものの、結局このサミットに参加せざるを得なくなりました。あのトランプ氏を本人の意志を曲げて動かしたのが大人ではなく子どもであることに注目すべきです。

同様の活動をしている子どもは彼女だけではなく、シアトルのジェイミー・マーゴリンさんが若者の環境保護活動「Zero Hour」を立ち上げたのは14歳の時。非営利団体「Bye Bye Plastic Bags」をメラティ・ワイゼンさんが立ち上げたのは12歳の時。カナダで有名な環境活動家オータム・ペルティエさんが首相にパイプライン建設の抗議文を突きつけたのも12歳の時。世界未来協議会のメンバーである18歳のカシュカシャン・バスーさんが植樹活動を始めたのは8歳の時。彼らの主張は「自分たちは子どもで無力である。だから大人たちが今すぐ動かなければいけない」というもので、今は政治家にメッセージを投げかけていますが、その視線が企業に移るのに時間はかからないでしょう。地球へ悪影響を与えるブランドは子ども世代から一切ボイコット、という日が現実になろうとしています。実際、トゥーンベリは「危機を招いた一部の企業に責任を取らせる」と発言しています。

トゥーンベリは飛行機に乗らず、肉を食べません。小泉環境相はNYのステーキ店で「毎日でも食べたい」と発言したことでバッシングを受けましたが、子どもより地球環境に与える産業システムの知見が低いことになるわけで、他にも具体的な施策アイデアの無さなど政治ででできることの限界を露呈してしまいました。温暖化対策で政治にできることは炭素税の導入ぐらいではないかと言われてます（若者流に言うならば、エモみが浅くて、なし寄りのなし）。

ミレニアル世代と子ども世代の中間である「Z世代（Generation Z）」もかなりのBelief Drivenです。「Extinction Rebellion（滅びへの反抗）」という環境保護運動組織への支持がZ世代中心に集まっています。英国の美大で卒業コレクションのランウェイに「Extinction Rebellion」と書かれたフラッグと共に繊維廃棄物で溢れたカートを押し出した学生がいました。ここから始まったキャンペーンが「#boycotfashion」で、52週間新しい服を買うのをやめてリサイクルファッションだけで過ごそうというものですが、参加者は50万人を超えたと言われています。天然資源保護協議会（NRDC）は、新しい洋服の購入が10％減ればファッション業界が与える環境への負荷もダイレクトに10％減ると試算しています。では1年後はそのまま終息？　とはならないでしょう。この組織は「ファッションに限らず営利目的で人々と地球を搾取している全ての業界」から手を引くよう呼びかけ始めました。今後特定の企業名を挙げ始める可能性も十分にあり得ます。

AKB48の新曲タイトルも「サステナブル」ですよね…（これはどうでもいい話かな…）。

SDGsはこれからの参加資格

こういったムーブメントが常態化すると、マーケティングの考え方も見直さざるを得なくなります。これまで企業がビジネスモデル構築で重要視していたのは「参入戦略」、つまりどこのマーケットに釣り針を垂らすか、でした。しかし、今求められるのはマーケットのルール自体を変えてしまうことです。そのためにはもはや一方的なアプローチは「効き」が悪くなるでしょう。

ターゲットも生活者だけではなく、ステークホルダーも含まれてマルチ化します。生活者・ステークホルダーインサイトを摑み続けることが重要で、そのためのテクノロジー、マーケティング思想が必要ということです。僕はCMを見るとその企業の成長性がある程度占えます。「あ、ここはもうダメだな」と思った企業はほぼ間違いなく倒産したり買収されたりします。どこを見ているかというと、イメージ戦略に無駄金を使っているかどうかです。業績悪化に陥っていると報道されているのに、呑気にドラマ枠やニュース枠でイメージCMを流している企業は多いです。それは経営が「ゆるい」ってことです。トップが宣伝・広報部門を統括できていないんです。宣伝・広報部門を統括できていないってことは、他部門の統括もできていないって想像つきますよね。投資家などステークホルダーもそういう視点で見ていると思うんです。

2002年、イケアはスパイク・ジョーンズ監督を起用した「Lamp」というCMで話題を取りました。捨てられたランプが悲しげに雨に濡れてるんですが、そこに登場した男性が「こいつに申し訳なく思うなんてクレイジーだ。こいつは何も感じてやしない。新しいものに買い替えよう」と呼びかけます。もし今そんなCMを流したらまさにクレイジーです。イケアは2018年にその続編として、そのランプが拾われる様を描き「リユースするのは良いことでクレイジーじゃないですよ」というCMを流しました。しかし正直、苦し紛れ感は否めません。イケアは米国で家具転倒事故による幼児の死亡多発事件含め、社会的に糾弾されています。

僕は少しだけ大塚家具の仕事に携わったことがありますが、家具は良質なものを代々使い続けるべしという理念は「お父さん」も「娘さん」も全く変わりません。それが安売り家具に方針転換したかのようなイメージは全くの損失です。ファスト・ファニチャーは原材料を合法的に調達したかのトレーサビリティやそもそもの環境負荷で問題を抱え、SDGs時代には破綻しかねないビジネスだからです。

もうずいぶん昔になりますが、前職のエージェンシーからタクシーに乗った時のこと。運ちゃんが「お客さん、広告関係の人?」と聞いて来たんです。「そうですよ」と答えると、「日産、座間工場売ったんだってねえ」と。その当時はまだゴーンさんが着任する前で、日産の経営不振がニュースになっていました。そして、「そんなニュースが出てるのに、CMなんてやったって意味ないよねえ」と言ったんです。まさに! 広告主よりタクシーの運ちゃんの方がわかってんじゃやん! と思いましたねえ。つまり、IR担当の伝え方の技術がヘタなんです。そうなると、どれだけイメージCMを投下したって全くの無駄です。

ネガティブニュースの怖いところは、雪だるま式にどんどん膨れ上がる可能性のあるところです。僕はマーク・トウェインのちょっとアイロニカルな名言が大好きなのですが、「真実が靴を履いている間に、嘘は世界を半周する(A lie can travel half way around the world while the truth is putting on its shoes.)」というものがあります。すごい人の言葉って数世紀経っても通用するんですよね……。

マクドナルドは調達先の上海の工場が期限切れの鶏肉を使っていたことが問題になりました。

調達先をタイに切り替えるなどの対応をしていましたが、この時点ではまだ売上げに致命的な影響は出てませんでした。ところが、それに乗っかるようにして異物混入問題が浮上。外食においては異物混入は避けられないもので、マクドナルドに限られるわけはないのですけど、「歯が入っていた」というあり得ない話を発端に、「虫が入っていた」「ネジが入っていた」と膨れ上がり、売上げは40％減に落ち込みました。来店しなくなった層の中心はそれまで利用頻度の高いロイヤルカスタマーでした。マクドナルドが信頼を回復するのには相当な時間を要しましたが、僕が偉いなと感じたのは、安易にイメージCMなどで解決を図ろうとせず、まず来店客の近いところで意思決定を下せるよう店舗に権限を移譲するなどの体制変更をし、カサノバ社長が全国行脚するなどして地道に顧客との対話を続けたことです。あの女性社長は肝が据わってるなーと感心しましたねえ。マクドナルドの店舗はママにとって子どもの一時預かり所的な役割も持つ、欠かせないものであるはずです。それがあそこまで落ち込むというのは、「Belief Driven」な人たちの「NO」に周囲の人たちが巻き込まれていった構図であるように思います。

気を付けるべきポイントは、ある社会課題に対しての生活者やステークホルダーの関心の高さと、企業のポジションのギャップです。僕は以前ニチレイの仕事をしていましたが、ニチレイフーズの冷凍インゲンに殺虫剤が混入していたとニュースになりました。そのインゲンは中国の工場で製産されたものでしたが、ニチレイが徹底管理しており、「工場での混入はあり得ない」との姿勢を崩しませんでした。結果、殺虫剤は店頭で混入されたものと判明し、ニチレイは難を逃れました。調達先の信頼度という点において、ニチレイは生活者の問題意識よりもポジションが上回っていたわけです。

これからの時代**SDGsは「優位性」というよりも「参加資格」でしょう。**自動車のエアバッグのように。エアバッグも出始めの頃は「全車エアバッグ装備！」など優位性として使われてました。でも今ではエアバッグのない自動車は自動車と見做されませんよね。SDGsも経営に実装していない企業は企業として見做されなくなると思うのです。SDGsをCMに持ち込むのは今さらエアバッグをCMで訴求するような「なんだかな」感があります。

そして今後、コミュニケーション設計においては「PRありき」になると僕は予想しています。それもIRが重要になるだろうと。ここで言うIRとはIntegrated Resort の略…ではなく当然Investor Relations の略です。直訳すると投資家との関係作りってことですが、今後はその役割が拡張されていくでしょう。企業価値を守り高めるために、生活者を横睨みしながら、投資家やＮＧＯ、提携先などマルチステークホルダーに情報をどう開示していくかの技術が問われるわけです。具体的にはまず社内の理解促進から始めるべきでしょう。

ＣＳＶ部署を全ての上位に据えたりする大企業もありますが、従業員に「ＣＳＶって何だか説明できます？」って聞いて「できますよ」と言われたことがありません。ワークショップとかセミナーとかイントラネットでｅラーニングするとか、理解を徹底させましょう。外部に対してはリリース配信は当然として、記者発表会、メディアタイアップ、自治体やＮＧＯへのレポート・説明会・連携などやること山積ですが、大事なのは伝え方の技術です。

いかにもＳＤＧｓをやっているかのようなフリをすることを「ＳＤＧｓウォッシュ」と言いますが、サッカーのシミュレーションのようなものでレッドカードとなります。ＩＲ担当にはぜひ優秀な人を置きましょう。ただ、外部のＩＲコンサルはあまり評判よくないですね……中小企業の社長に「御社の企業価値上げますよ」とかうまいこと言って巻き上げるとか。個人で評判のいい人をツテで探すとか、生え抜きを実践で鍛えるとかがいいでしょうね。

IRで商品Promotionの土壌をつくる

これから企業にとって必要なことの一つに**「社会課題の発見」**があります。それは防衛の意味でもそうですし、先んじて高いポジションを獲得する攻めの意味でもそうです。そのために注視すべきはグローバルNGOの動きでしょう。NGOは炭鉱のカナリヤの役目も果たしてくれます。社会課題とはある地域で草の根的に発したものが、ある域を超えるとグローバルNGOが「ここに課題があるぞー」と世論化するのです。NGOは確かに不買運動やダイベストメント（インベストメントの逆で、投資を引き揚げること）を引き起こしかねない怖い存在ではありますが、「口うるさいお目付役」ではなく、企業の盲点を暴き正しい方向を示唆してくれるシェルパとして捉えるぐらいが建設的と思います。

もちろん、広告企画制作現場でのCDのリスクヘッジ能力もさらに問われてきます。僕は以前キリン零ICHIのCMで鰻を食べているシーンを冷やし茄子に差し替えました。当時、鰻が絶滅危惧種ではないかという意見をネットでちらほら目にするようになっていたからです。

どんなところから企業は攻撃されるかわからないので、常に最大限の目配せをしています。

ＳＤＧｓ、ＣＳＶについては、やっていることを広告で伝えても効かないでしょう。どういうクリエイティブにすればいいか、ちょっと見当が付きません。かなり上手に伝えないと、ＣＳＲとしか受け止められないと思うんですよね。それから、エージェンシーの人が「ＳＤＧｓを救うのはクリエイティブ」といった美しいことをよく言いますが、あり得ないです。僕は内閣府の政府広報アドバイザーとして、若者の自殺防止や児童虐待等々の社会課題をコミュニケーションでどう解決するかに取り組んでいます。まさにクリエイティブアイデアが必要なのですが、エージェンシーがエース級人材を投入して真剣に取り組んでいる姿を見たことがないです（ルール上、僕自身が具体的な企画提案をすることはできません）。国内の身近な問題には適当にしか取り組まない人たちにＳＤＧｓをクリエイティブで解決するぞ！　とか言われてもねぇー。広告主もそこに直接お金を使うのではなく、ＩＲを中核としたＰＲ活動で商品Promotionの土壌作りをする、という発想に立つ方がいいと思いますよ。そうすれば、商品Promotionに対して特に「Belief Driven」な生活者からの反応は良くなるでしょう。**新しい時代のPromotion＝ＩＲ×商品Promotionである**ということです。

具体的なやり方として考えられるのは、**「戦略ＰＲ」の発展形**です。戦略ＰＲとは、商品広告を投下する前にその商品への興味をＰＲで醸成しておこうというメソッドです。例えば毎日何時間もキーボードを叩くことで慢性的に肩や背中の筋肉痛に悩まされるデスクワーク症候群が蔓延している、という記事をあちこちに露出します（ちなみに僕はデスクワーク症候群で今も肩痛いです……）。そして、「そういう社会問題があるんだ」という空気ができてきたところに「デスクワーク症候群対策として天板を傾斜させたデスクを新発売」という広告を投下すれば、ＰＲの土壌なしでただ「作業しやすいデスク出ました」とやるよりも広告効果は高まるわけです（これは実際に行われた事例で、デスクはヒット商品となりました）。戦略ＰＲは商品というポイントからの逆算で社会課題に繫がる記事作りを考えるわけですが、まあちょっとどこかテクニカルというか、騙しが混じっていることは否めません。ＳＤＧｓのＰＲは、その企業が「本当に」何をMissionと捉え、何をVisionと捉え、それを実現するための具体策をどうしているかを地道に語っていくこととなります。それは地味で即時の効果は期待できない作業かもしれませんが、広告の納得性をさらに高める、そういう期待ができると思います。

なぜＩＲの拡張として考えるのがふさわしいかというと、ＩＲも投資家に対して企業の成長ストーリーを語る作業ですが、即時の効果が期待できるものではなく、長期視点に立つＰＲであり、また嘘の通じない世界であるということが、広告という「騙し」の世界の住人よりも正しく処理してくれることを委託できると感じるからです。

華々しい企業には闇があるもので、Facebookが個人情報保護問題で価値を急減させたように、アマゾンやUberなどは従業員の搾取などが告発されており、本当にホワイトであろうとしない限りどこでどう足を掬われるかわかりません。それをそのまま発信していく作業が新しい時代のPR作業ではないかと思っています。

ＳＤＧｓの文脈でよく喩えに出る言葉として近江商人の「三方良し」があります。これはちょっと違ってまして、「三方良し」をずっと続けるという時間軸の意識がＳＤＧｓでは重要なのです。「四方良し」です。前章でカスタマーサクセス、サブスクモデルの説明をしましたが、これは時間が経つほど収益が望めるモデルなので、ＳＤＧｓと掛け合わせるビジネスモデル、マーケティング思想として最適と考えられます。

スマホが地球環境に貢献しているって話を聞いたことありますか？　スマホが登場して、デジカメやら、カーナビやら、ウォークマンやら、いろんなものが消えていったでしょう？　つまり、スマホ1台作るにはレアメタルやらいろんな資源が必要ですが、それ以上に電化製品の数を減らしてるってことです。何が地球環境や社会課題解決に貢献してるかは、一括りでは言えません。ビジネスモデルの見直しや改良が迫られる外部要因は、ＳＤＧｓのような社会課題解決の要請だけではありません。新テクノロジーの登場だけでもありません。「Belief Driven」やいわゆる「モノ消費からコト消費へ」「所有から使用へ」云々といった生活者の価値観の変化もあります。人口動態によるマーケット規模の変化もあります。チャネルの変化、購入時・申込時の顧客体験の変化もあります。規制変更による業界自体の構造変化もあります。経営者はこれら全ての変化に目を光らせていなければいけません。そして、これら全ての変化に応じて、マーケティングの考え方・やり方も変化させていかなければならないのです。

第七章のおさらいと用語解説

❖企業がＳＤＧｓに取り組むべき理由

ＳＤＧｓで企業に問われているのは、社会課題解決を収益につなげられるビジネスモデルをつくれるかどうか。ＳＤＧｓに取り組まない企業は、大口投資を受けられなくなり、商品が利用されなくなる可能性が高い。これからの時代は、ＳＤＧｓは「優位性」ではなく「参加資格」になり、ＩＲを通じた発信が大切になる。

❖ＥＳＧ投資と、企業の戦い方

環境（Ｅ）、社会（Ｓ）をガバナンス（Ｇ）に組み込んでいる企業を投資対象とするのがＥＳＧ投資。そこでの企業の戦い方は、商品の普及が社会課題解決に繋がるというメッセージを発信し、ステークホルダーの合意形成をする。その新しいビジネスモデルでマーケットのポジションを確立し、サステナブルなものにする。

❖ Belief Drivenとは

社会課題に対する企業の姿勢でその商品を買うか買わないかを決める人たち。生活者が感じる価値が変わってきており、ミレニアル世代やZ世代にBelief Driven の傾向が見られ、企業は社会課題を発見することが必要になってくる。

社長マーケティングに重要なキーワード

❖ SDGs

持続可能な開発目標。２０３０年までの国際目標で、持続可能な世界を実現するための17のゴールから構成されており、地球上の誰一人として取り残さない、としている。

❖ CSR

企業の社会的責任。企業も社会的な義務を果たさなければいけないという考え方。

❖ CSV

共通価値の創造。社会課題を企業成長の原動力にしようという考え方。

回り道コラム⑦

以前、ＪＡＸＡ（宇宙航空研究開発機構）のお仕事をしていた時、研究者とか宇宙飛行士とか、いろんな方の取材をしました。そこで聞いた面白い話として、「究極の極限状態が解を生む」というものがあります。

宇宙というのは、環境としては北極や砂漠どころではない人間にとっての極限です。そこでは何一つ、ビタイチ無駄にはできない。エネルギーだって、どれだけ僅かな電力でモーターを動かせられるか、そういう戦いだと言うんですね。そして、そこからこれまでは考えつかなかった新しいやり方が見つかるのだと。

社会全体もそういうものなのかなと思うんですよ。戦争が新しい技術を生み出す、とはよく言われますよね。ロケットだって何だって、「自分が生き残れるか」という極限状況から生まれたものなわけで。インターネットだって基は軍事技術ですから。

女性もけっこうな極限環境に置かれていると思います。家事、子育て、仕事、これらをどうこなすか、毎日のこともあり人生全体のこともありで、難しい選択の連続です。だからか、男が思いつかないようなアイデアでビジネスを成功に導く起業家が生まれる印象があります。先述したD2C企業は女性が創業者であるものが多いです。

僕は障害者の社会活躍をサポートしていますが、障害者ならではの仕事もあります。精神に障害を持った方は一つの作業に飽きることなく没頭したりしますし、面白いなと思ったのは、ストレスカウンセラーと契約したり企業内に置いたりしますよね。視覚障害者をカウンセラーにした企業があったんですが、いろいろ辛いことを乗り越えてきたんで、共感力がすごく高くて適職だと。障害も個性と捉えれば、思わぬ道が開けるということです。

地球や社会の状況もこれからいよいよ極限化していくので、そこから思いも付かないイノベーションが生まれるかもしれません。クリエイティブ作業は追い詰められてからグッドアイデアが閃くこと多いです。僭越ながら、経営も、極限化してからが勝負ではないかと。

ただし、イノベーションが何でも解決してくれるかのような風潮には注意です。ベン・ホロウィッツさんの「HARD THINGS」のご一読をお薦めします。彼はクラウドの元祖と呼べる事業を始めるなどインターネットの礎となるイノベーションをいくつも立ち上げましたが、そのたびに競合からの凄まじい攻撃やＩＴバブル崩壊、最大顧客の倒産、資金枯渇など様々なHARD THINGSが襲いかかります。経営者として本当に難しいのは目標設定ではなく目標を達成できない時に会社を立て直すこと、いかに優秀な社員を採用するかではなく優秀な社員の不当な振る舞いに対処することだと言います。これが経営というものの真実でしょう。実際、大企業がスタートアップ企業をＭ＆Ａしてもほとんどはうまくいってないと聞きます。自分たちのイノベーションやクリエイティブがクライアントの課題解決するなんて軽々に口にするのは経営を知らない人だと思います。魔法の杖のような言葉に気を付けてください。

第八章
社長、さっき言いかけたことですが

四章で社長がマーケティング現場の実態を掴むための策をこの本の最後に書きます、と言いました。それは、僕が思いつく限り一つだけです。

宣伝部、あるいはマーケティング部に「草」を放つことです。

草とは密偵、間諜、要はスパイです。現場の情報なくして戦いには勝てません。織田信長が桶狭間の勝利で勲功第一としたのは今川義元の首級を挙げた者ではなく、その位置を知らせた「草」であると伝わっています。

狙い目は課長クラスです。彼らには（まだ）ピュアな人が多いです。純粋に会社の現状を憂えていて、「もっとこうあればいいのに」とフラストレーションを抱えています。能力もあって、特に新しいテクノロジーについては部長クラスよりもリテラシーが高いです。多くはミレニアル世代なので新しい価値観を持っています。これが上に行くほどがんじがらめになっていくのです。下から上がる報告は嘘ばかりという話をしましたが、何も私利私欲だけでそうしているわけではありません。自部署を守るため、他部署との軋轢を減らして仕事をスムーズに進めるため、そうせざるを得ない状況に追い込まれているのです。部長がバランサーになっているんです。

課長の中にはトップに直訴したいと思っている人が少なくありません。ただそれをやると頭越し、上司への裏切りになってしまいます。なので社長の方から申し出て、「これは」と信頼できそうな人とこっそりホットラインを作ってはどうでしょう。それなら彼の裏切りにはなりません。それに、優秀な人ほど社長の知らないところで会社に愛想を尽かして転職します。それが防げれば一石二鳥というものですよ。

部長からの報告と課長からの報告には、多かれ少なかれ、差異があります。この差異からいろんなものが見えて来るはずです。世代間の価値観の違いも面白いでしょう。最も価値があるのは現場のナマの実態。課長の純粋な正義感だけでは当たって砕けるだけだったのを部長がうまく変換した、ということもわかるかもしれません。そうすれば部長に対してより信頼度が増すでしょう。でももしかするとカオスになってしまった機能不全状況を肌身で知ることになるかもしれません。これは、社長自身、あるいは企業体質としてのマネジメント力の問題です。同様に部長や課長など個人の問題ではありません。ご自分の問題と受け止めてほしいのです。

外部エージェンシーも嘘をつきます。それも同様に営業さん個人の問題というよりは、外部パートナーとのマネジメント力の問題です。

他業界のことはよくわかりませんが、広告業界はいろんな要素に翻弄され、紐がこんがらがったような状態に陥ってます。そのために皆が自己保身に躍起になって、口ばかり正しいマーケティング論が唱えられるばかりで、なかなか正しい実施に至りません。僕の好きな曲でミスチルの「everybody goes」※というのがあります。「でも NoNoNoNo 皆病んでる 必死で生きてる」というサビですが、この曲を思い出すとだいたいのことは（人は）許せちゃうんですよね。まさに皆病みながら必死で生きてる。でもそこが限界なんです。そのこんがらがった紐をほどいて、正しくマーケティングを実施に移せるのは、社長、あなたのリーダーシップとマネジメント力だと僕は思っています。

今バズワードになっているものとしてCX（Customer Experience 顧客体験）があります。この本ではCXについて採り上げませんでした。その理由は、この本で述べてきたこと全てがCXの具体的な解説だからです。CXとは、顧客が商品やサービスを「購入する前」「購入する時」「購入した後（利用する時）」の一連の体験のことです。この3つのフェーズ全てをきちんとやらないとダメだよね、ということです。これをやらなければいけない／やれるようになってきた背景としてはコンタクトポイント（顧客接点）の種類と数の増加があります。メディアだけでなく、本人が気づかないセンサリングも含めて。

まず「購入する前」については、データの整理による的確で最高に効率の良いアプローチをしていこうということになります。また商品やサービスの、ターゲットに対しての新しい「価値」をどう生み出すか。「サクセス」という概念も重要ですし、社会課題解決にどう繋がるのかも重要になって来るでしょう。

「購入する時」については、いかにEffortlessであるか。購買時のEffortlessは店舗であれば無人レジなどが始まっていますが、広告主が気を付けるべきは申し込みに至るまでの導線整理（これが全くできていなかったりするんですよ……）、LP上で申し込みをしてもらうならその簡便さ。利用を始める時のEffortless（オンボーディング）にも注意を払うべきで、いかにマニ

※JASRAC出1913221-901

ュアルなくそのまま使い始められる仕様になっているか。これは「ヒューマンセントリック（人間中心主義）」の思想に近いかもしれません。「リテラシー」という言い方がありますけど、テクノロジーに対して高いリテラシーを持たなければならないのはプロであって、一般生活者に高リテラシーを求めるのはおかしいし、単に苦痛ですよね。世の中が複雑になるほど、難しいことを簡単にしてくれる者が愛されるはずです。

「購入した後」については、その商品やサービスが自分の「サクセス」に寄与しているとなれば、ロイヤルカスタマーとなり、高いＬＴＶをもたらしてくれるでしょう。カスタマーセンターのデジタル化はこれら全てにかかわってきます。

以上を全社的に達成するために、ＣＩ作業で見直しを図るわけです。そして、そのために欠かせないのが社長のリーダーシップとマネジメント力による正しい組織改革、ということになります。

恐れながら。

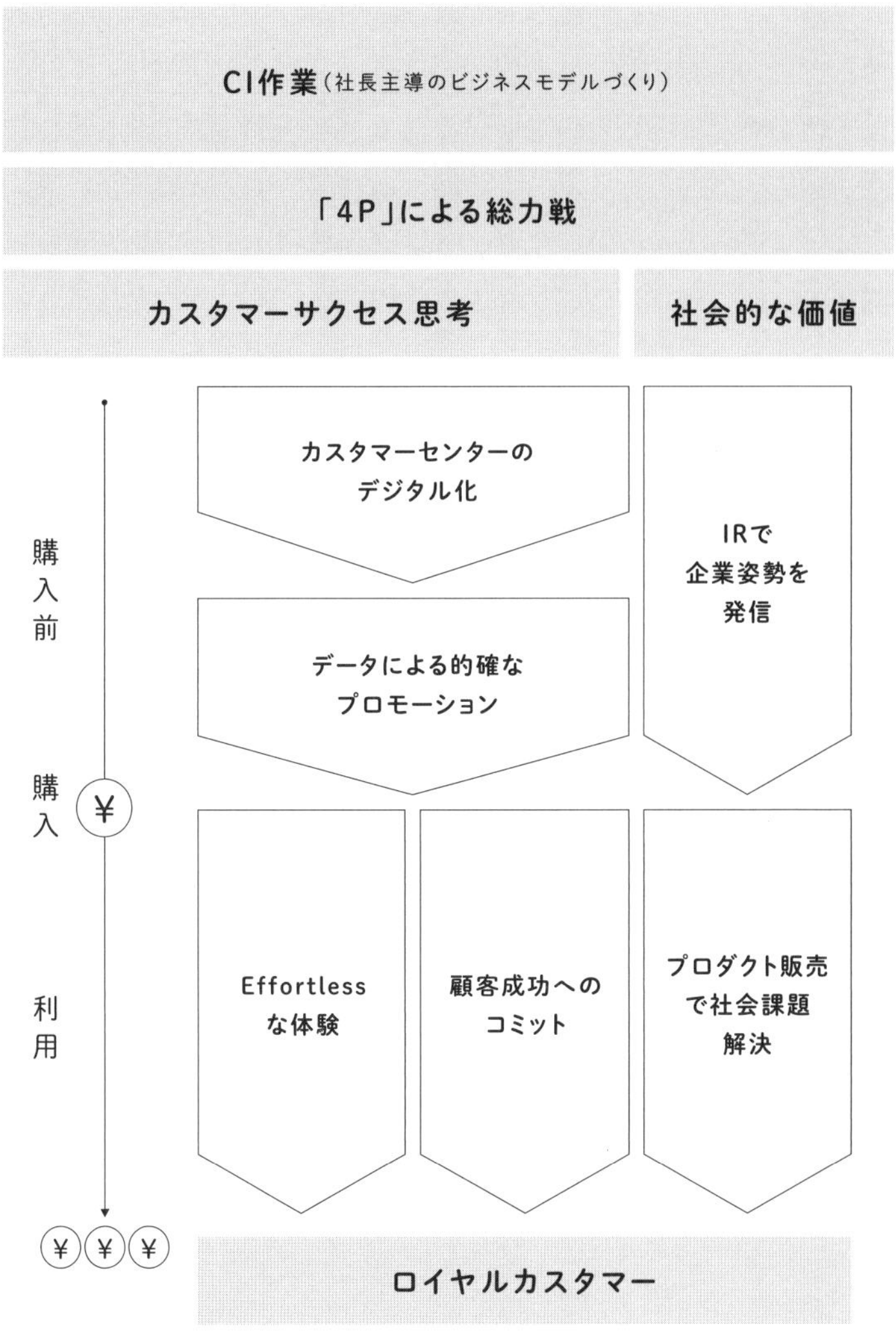

CI作業（社長主導のビジネスモデルづくり）
「4P」による総力戦
カスタマーサクセス思考
社会的な価値
購入前
購入
利用
¥
¥¥¥
カスタマーセンターのデジタル化
データによる的確なプロモーション
IRで企業姿勢を発信
Effortlessな体験
顧客成功へのコミット
プロダクト販売で社会課題解決
ロイヤルカスタマー

おわりに

正直、1年前の夏ぐらいは引退考えてたんです。なんかもうこれ以上やることあんのかなー、老後の資金も十分貯まったし、「アニメとゲームとコミックだけで毎日人生謳歌できますよ!」って言い切る後輩もいるしなー、こっから先はそれでいくか……と。でもいつの間にか新しい役割、新しい働き方をせざるを得なくなって、僕がいないと困る人たちがいる限りはもうちょっと働こうかなー、と。思えば老後の資金が貯まったのも広告業界のおかげだし、その恩返しもしなきゃいかんよなー、と。

今まで何冊か本を書いてきまして、おかげさまでどれも好評をいただいています。あちこちの企業で課題図書になったり、「セミナーでパクらせてもらいました」と正直な方から連絡もらったり。ただごく一部の意地悪系な人、誰とは言いませんが東北新社の中島信也さんとかからは「汎用的に見えて汎用性がないのでは」といったご意見もいただいています。「こんなん小霜さんにしかでけへんやんかー。あの人それわかって書いてるでー。ズッコいわー（原文ママ）」。特にこの本に書いたことはまさにそうかもしれません。こういった動きができる人間は日本で自分一人かも。しかし、僕がアドバイザーで入ると急激に成果が出るんですよ。マーケティングが動き出すんです。そこに広告業界の現在の課題が象徴化されているように思うんです。

マーケティング、ブランディングといったコンセプトの正しい再定義。いつしかカオスになってしまったマーケティング組織の正しい再編成。広告主とエージェンシーの正しい関係構築。今が、それらをトップ主導で始めるタイミングであるのは間違いないと思います。そこに僕の助力が必要であれば（週3で休める程度で）全力でお手伝いします。

謝辞

この本の草稿を読んで価値ある意見をくださった経営者の方々に。

同じくエージェンシーの方々に。
アマチュア目線の意見をくれた広告学校受講生たちに。
宣伝会議編集部に。

小霜 和也　こしも・かずや
Copywriter / Creative Director / Marketing Advisor

1962年兵庫県西宮市生まれ。1986年東京大学法学部卒業。
同年博報堂入社。コピーライター配属。1998年退社。
2019年現在、株式会社小霜オフィス、no problem LLC. 代表。
これまでの主なクライアントは、内閣府政府広報室、積水ハウス、
やる気スイッチグループ、イーデザイン損保、ファーストリテイリング、
日本テレビ、富士フイルムヘルスケアラボラトリー、DELL、アビタス、
花王、JR西日本、Yahoo!、スクウェア・エニックス、siroca、
日鉄興和不動産、北海道テレビ、KIRIN、KONAMI、VAIO、
三井住友海上、リクルート、京橋エドグラン、XSOL、ヒロインメイク、
サントリー、アイフル、H.I.S.、ドコモdアニメストア、
ドクタープログラム、マキシマム ザ ホルモン、セガ、Fields、PlayStation、
日本生命、Reebok、クリナップ、メガネスーパー、武田薬品、
宇宙航空研究開発機構、CITIZEN、izumoden、SONY、NTTグループ、
ファミリーマート、サントリーウエルネス、Xbox、HONEYS、Nissen、
ニチレイ、モエ・ヘネシー・ディアジオ、DDIポケット、片岡物産、
POKKA、エスティローダー、三菱電機、TOYOTA、三井不動産、
三菱地所、Amazon、MTV、シャディ、東栄住宅、愛 地球博・日本館、
資生堂、コーセー、ハイネケン、ポルシェ、東京ガス、明治製菓、
SONYMusic、intel、CASIO、日産自動車、TOTO、TBC、JAL、
キッコーマン、ハウス食品、TOKYOCITYKEIBA、レミーマルタン、
オリンパス、他多数。
広告賞受賞多数。

ここらで広告コピーの本当の話をします。

小霜和也 著

コピーライティングというビジネスの根底を理解すると、効果的なコピー、人を動かすコピーが書けるようになる。広告とコピーに関わるすべての人の役に立つ、いままでにないコピーライティングのビジネス書。

急いでデジタルクリエイティブの本当の話をします。

小霜和也 著

しっかり練られた戦略とメディアプランがあれば、デジタル広告は6番目のマス広告になり得ます。マスとWEBを横断するコミュニケーション施策を成功に導いてきた著者が、WEB広告の本質を〝急いで〟ひも解きます。

手書きの戦略論 「人を動かす」7つのコミュニケーション戦略

磯部光毅 著

コミュニケーション戦略を「人を動かす人間工学」と捉え、併存するコミュニケーション戦略・手法を7つに整理。各論の専門書に入る前に、体系的にマーケティング・コミュニケーションを学べます。

宣伝会議マーケティング選書

デジタルで変わる マーケティング基礎

宣伝会議編集部 編

この1冊でマーケティングの基礎と最先端がわかる！ デジタルテクノロジーが浸透した社会において、伝統的なマーケティングの解釈はどのように変わるのか。いまの時代に合わせて再編したマーケティングの新しい教科書。

デジタルで変わる 宣伝広告の基礎

宣伝会議編集部 編

この1冊で宣伝広告の基礎と最先端がわかる！ 情報があふれ生活者側にその選択権が移った今、真の顧客視点発想が求められている。コミュニケーション手法も多様になった現代における宣伝広告の基礎をまとめた書籍です。

デジタルで変わる セールスプロモーション基礎

販促会議編集部 編

この1冊でセールスプロモーションの基礎と最先端がわかる！ 生活者の購買導線が可視化され、データ化される時代、売りの現場に必要な知識と情報を体系化。新しい時代のセールスプロモーションの教科書。

恐れながら社長マーケティングの本当の話をします。

2020年1月1日　初版第一刷発行
2020年3月4日　第二版第一刷発行
著　者　小霜和也
発行者　東 彦弥
発行所　株式会社宣伝会議
〒107-8550
東京都港区南青山3-11-13
TEL. 03-3475-3010（代表）
URL. www.sendenkaigi.com
装丁　寄藤文平＋古屋郁美（文平銀座）
印刷・製本　図書印刷株式会社

ISBN 978-4-88335-484-9 C2063